당신은 인생 고수인가?

한 번 뿐인 인생, 인생 고수로
살아가는 7가지 조건

김병완

플랫폼연구소

당신은 인생 고수인가?

한 번뿐인 인생,
인생 고수로 살아가는 7가지 조건

“ 즐길 줄 아는 사람이 인생 고수다.
즐길 줄 알아야 어른이다.”

– 저자 –

“ 나는 위대한 과제를 대하는 방법으로
遊戱보다 더 좋은 것을 알지 못한다.

이것이 바로 위대함의 징표이자
본질적인 전제 조건이다. “

– 니체 –

프롤로그_ 인생 고수는 인생을 즐길 줄 아는 사람이다.

" 어리석은 사람은 서두르고, 영리한 사람은 기다리지만, 현명한 사람은 정원으로 간다."

_ 타고르

인생의 지혜는 '어떻게 더 오래 사는가' 가 아니라, '어떻게 더 깊이 사는가' 에 있다. 많은 이들이 앞서가기 위해 서두르고, 혹은 때를 기다리며 시간을 흘려보낸다. 그러나 진정한 인생 고수는 중요한 사실을 하나 알고 있다. 그것은 바로 '인생은 경쟁이 아니라 향유이며, 여행' 이라는 것을 말이다.

왜! 한 번뿐인 인생을 경쟁처럼 치열하게 아등바등 죽자고 그렇게 살고 있는가?

무엇 때문에 그렇게 치열하게, 지독하게, 아등바등 죽자고 서두르면서 살아가고 있는가?

인생의 거친 풍파와 온갖 시련과 아픔과 상처를 모두 견디어 낸 당신은 이미 위대한 존재! 그 자체다. 인생의 쓴맛, 단맛, 짠맛, 더러운 맛, 매운맛을 다 보고 견디어 낸 당신은 그 자체로 탁월한 존재다.

그러므로 즐길 줄 알아야 하고, 즐겨야 한다.

당신에게 필요한 것은 기뻐하고 누리고 즐거워할 줄 아는 마음과 습관이다. 인생 고수는 더 많이 가지려 하지 않는다. 인생 고수는 지금 있는 것들 속에서 충만함과 즐거움을 발견할 줄 안다. 인생 고수에게 행복과 기쁨은 '어디엔가 있는 것'이 아니라, 지금 이 순간, 자신 안에서 발견하고 누리고 즐기고 기뻐하는 것이다.

이 세상에 당신만큼 파란만장한 인생을 살아오고 견디어 온 존재는 없다. 당신은 이미 선구자다. 당신과 같은 인생은 단 한 명도 없기 때문이다. 당신은 이미 예술가다. 당신만의 독특한 취향과 스타일을 고수하며 살아온 사람은 단 한 명도 없기 때문이다. 당신은 이미 위대한 학자다. 당신이 살아가는 삶의 방식을 규정하는 당신만의 삶의 철학이 그 어떤 사람과도 다르기 때문이다. 무엇보다도 당신은 가장 위대한 소설의 주인공이다. 당신의 삶은 이 세상에 그 어떤 사람과도 같지 않기 때문이다.

당신이 이제부터 삶을 온전히 기뻐하고 누리고 즐거워해야 할 이유는 너무나도 많다. 그러므로 이제 당신은 충분히 자격이 있다. 그러므로 이 책을 읽고, 나이 듦의 즐거움에 들어오기 바란다.

이미 당신의 삶은 그 어떤 고전 스토리보다 더 큰 스토리를 갖고 있는 위대한 인생임을 인식하고, 이제부터 제대로 나이 듦의 즐거움에 미쳐보자. 당신은 이미 당연히 그럴 자격을 갖춘 인생의 모든 고개를 넘어온 인생의 베테랑이다.

망설이지 말고, 인생을 멋지게 즐기며 살아보자. 왜 즐기면서 살아야 한다고 묻는다면 이렇게 대답하고 싶다.

즐기면서 살 때 일도 더 잘할 수 있고, 더 건강하게 살 수 있고, 인간관계도 더 잘 맺을 수 있고, 더 행복할 수 있고, 더 성공할 수 있기 때문이다.

즐기면서 살 때 인생은 더욱 빛이 나고, 더욱 젊어지고, 더욱 당당해진다.

인생의 산전수전을 다 겪어 온 당신은 이제 즐기면서 살 일만 남았다.

무엇이 두려운가? 무엇이 문제인가?

지금까지 당신을 힘들게 했던 모든 것을 내려놓고 이제는 즐기고 또 즐기며 살아보자. 그 방법과 기술이 없다고, 모른다고? 걱정하지 마시라. 이 책을 읽으면 당신도 인생 고수가 될 수 있기 때문이다.

당신이 지금까지 즐기면서 살아오지 못한 가장 큰 이유는 당신의 삶이 행복하지 않기 때문이 아니라 즐길 줄 모르기 때문이다. 그래서 이 책은 그 방법과 기술을 알려줄 것이다.

사느냐 죽느냐가 문제가 아니라, 문제는 제대로 즐기며 행복하게 사느냐, 그저 그렇게 무료하게 심심하게 불행하게 사느냐라는 것이다.

명심하라.

"웃으면 몸과 마음을 이롭게 하는 온갖 경이

로운 일들이 일어난다. "

앤드류 매튜스의 이 말처럼, 나이 듦을 즐기는 사람은 인생에서 온갖 경이로운 일들이 발생한다. 그러므로 즐겨라, 무조건 즐겨라. 즐기는 사람, 자주 웃는 사람은 수명도 더 길다는 말이 있다. 여자가 남자보다 평균 7.8년을 더 오래 사는 이유가 자주 웃기 때문이다.

뿐만 아니라 자주 즐거움을 느끼고 누리는 삶은 행복한 삶의 비결이기도 하다. 영국을 대표하는 철학자, 소설가였던 아이리스 머독은 이런 말을 한 적이 있다.

" 행복한 삶의 비결 중 하나는 소소한 즐거움을 끊임없이 느끼는 것이다. "

인생과 나이 듦에 대해 제대로 즐기며 살 수 있기 위해서, 소소한 즐거움을 끊임없이 느끼기 위해서는 어떻게 해야 할까? 이것을 하기 위해 당신에게 필요한 것은 돈이나 사회적 성공이나 좋은 친구나 가족이나 관계가 아니다. 한 번뿐인 인생, 즐겁게 사는 것이 최고의 인생 병법이라는 새로운 인식과 즐겁게 살 수 있는 다양한 노하우와 방법과 마인드이다.

” 행복한 사람은 특별한 환경 속에 있는 사람이 아니라 어떤 특별한 마음 자세를 갖고 살아가는 사람이다. “

휴 다운즈의 이 말처럼, 어떤 특별한 마음 자세를 가질 수 있게 이 책은 해 줄 것이다. 이 책은 이런 어떤 특별한 마음 자세뿐만 아니라, 삶의 기술과 방법, 노하우와 지혜도 당신에게 제공해 줄 것이다. 그러므로 꼭 여러 권 구매해서 책상 위에, 쇼파 위에, 자동차 안에, 가방 안에 두고서 매일, 자주 자주 펼쳐 보아야 할 것이다.

이 책은 당신에게 우리 인생은 목적보다는 과정이며, 성취보다는 성장이며, 속도보다는 방향이라는 사실을 일깨워 줄 것이다. 궁극적으로 이 책은 당신을 정원으로 갈 수 있도록 이끌어 줄 것이다. 그것이 바로 인생을 즐길 줄 아는 사람의 길이기 때문이다.

목차

세 번째 _ 인생을 향유하라.
네 번째 _ 모든 것을 기뻐하고 감사하라.
다섯 번째 _ 과거와 자신에게서 벗어나라.
여섯 번째 _ 지금 이 순간도, 나이 듦도 모두 즐겨라.

제3장. 인생 고수는 크게 버릴 줄 안다.

크게 버려야 최고의 즐거움을 누릴 수 있다.
즐거움이 없는 인생은 개한테나 줘 버려라.
당신은 지금 자유주의 국가에 살고 있다.
인생지락! 최고의 인생은 유희적 인생이다.
당신은 최고의 인생 절정기를 살고 있다.
즐기는 것이 자기실현의 즐거움이다.

제4장. 인생 고수의 처세술 _ 직선이 아니라 곡선이다.

타인의 시선에서 벗어나야 즐겁다.
비교하지 않아야 즐겁다.
자기 삶의 주인이 되어야 즐겁다.
직진보다 우회로가 더 빠른 법이다.
결과에 집착하는 것이 문제다.

제5장. 인생 고수는 인상부터 다르다.

인생 고수는 인상부터 다르다.
웃지 않고 보낸 하루는 버린 하루다.
춤추며 웃으며 사는 자가 인생 고수다.
즐길 줄 아는 당신이 프로다.
아마추어의 얼굴에는 여유와 즐거움이 없다.
다르게 살 줄 알아야 즐겁다.

에필로그 _ 즐길 줄 알아야 부와 행복을 얻게 된다.

‘ 피로 사회는 자기 착취의 사회다. 피로 사회에서 현대인은 피해자인 동시에 가해자이다.’

– 한 병철 교수 [피로사회] –

제1장. 인생 고수는 왜 즐길 줄 아는가?

" '오프학' 이라는 학문을 배우는 수업이 있다면 그건 오프 코스(off course)일 것이다. 이걸 오프 코스(of course, 당연하다)로 바꿔 말하면 훌륭한 말장난이 된다. 이렇게 기발한 생각을 해낼 수 있는 사람이야말로 인생의 달인이며, 일뿐만이 아니라 인생 전체를 풍요롭게 즐길 줄 아는 사람이다." < 오마에 겐이치, [OFF학, 잘 노는 사람이 성공한다], 5~6쪽 >

왜 즐겨야 하는가?

왜 우리는 살아야 하는가? 가 아니다. 이제는 왜 우리는 나이 듦을 즐겨야 하는가? 이다. 그저 사는 것과 잘 사는 것은 전혀 다른 삶이기 때문이다. 잘 산다는 것은 나이 듦을 즐긴다는 것을 의미한다.

나이 듦을 즐긴다는 것은 아무나 쉽게 할 수 있는 일이 아니다. 자기 자신이 삶의 주인이 된 사람, 삶의 철학과 기준이 확고한 사람, 그 어떤 풍파에도 흔들리지 않을 수 있는 사람만이 오롯이 인생을 즐길 수 있다. 그것이 인생지락을 아는 자의 모습이다.

왜 굳이 즐겨야 하는가? 라고 반문한다면, 나이 드는 삶을 즐기는 것이 인생을 잘 살아가는 가장 좋은 방법이기 때문이다.

아시아를 대표하는 경영 컨설턴트이자 세계적인 경영 대가인 오마에 겐이치는 자신의 저서 [OFF학, 잘 노는 사람이 성공한다]를 통해 잘 노는 사람이 성공한다고 역설한다.

시간도 없고, 돈도 없어서 인생을 즐기지 못하는 것이 아니다. 마음의 여유가 없고, 즐겨야 하는 이유와 필요성에 대해서 강하게 인식을 하지 못했기 때문이다.

나이 듦을 즐기는 데는 시간이나 돈은 필요 없다. 오히려 너무 많은 돈이나 시간은 오롯이 즐기는 것을 방해할 수 있다.

따지고 보면 이 책을 읽고 있는 사람들은 최소한 극빈층의 사람들은 아니다. 그러므로 나이 듦을 즐길 수 없는 그런 최악의 상황이 아니다. 바로 이런 사람들은 인생을 즐겨야 한다.

왜 나이 듦을 즐겨야 하는가? 즐기면서 하루하루 살아갈 때, 운도 따르고, 건강도 따르고, 부와 성공에도 이르게 되기 때문이다. 나이 들수록 가장 중요한 것은 돈이 아니라 건강이다. 그러므로 즐기지 못하는 사람은 하루하루 부와 성공에 접근할수록, 건강과 삶의 여유를 놓치게 된다. 백만장자가 된다고 해도, 건강을 잃는다면, 해로움이 더 크고, 더 불행하게 된다.

건강과 마찬가지로 나이가 들수록 더 중요한 것은 홀로서기다. 나이가 들수록 당신에게 가장 필요한 것은 회사에서의 지위나 직함이 아니다. 나이가 들수록 당신은 점점 더 홀로서기를 준비해야 한다. 이것은 아무도 부인할 수 없는 엄연한 현실이다.

그런데 회사의 지위나 직함을 기대지 않고, 순수하게 한 개인으로서의 존재를 증명해 보여야 하는 필요성이 나이가 들수록 급격하게 증가한다.

이러한 사실을 미처 염두에 두지 않고, 열심히 회사에서 일만 하다고 나이가 들었다면, 인생에서 큰 낭패를 당하기 쉽다. 아무리 큰 회사에서 높은 지위에 올라갔더라도 회사를 나오게 되면 높은 지위나 직함은 물거품처럼 과거의 영광에 불과하다.

당신에게 필요한 것은 순수하게 한 개인으로서의 존재 가치이다. 그리고 그러한 것들을 잘 만들어 온 사람들을 자세히 살펴보면, 인생 고수들이다.

인생 고수들의 가장 큰 특징은 돈이나 성공을 좇아 열심히 살았던 사람들이 아니라 자기 자신을 위해서, 자신이 가장 좋아하는 일을 하면서, 무엇보다 인생을 즐기면서 살아왔던 사람들이라는 점이다.

당신이 이제부터라도 인생을 즐겨야 하는 이유가 바로 이것이다. 당신이 아무리 높은 지위나 직함을 가지고 있다고 해도, 백만장자가 되었다고 해도, 그것을 다 내려놓고, 언젠가는 순수하게 한 개인으로서 살아가야 하고, 그것으로 평가받아야 하는 시기가 온다는 점이다.

다시 말해, 나이 듦의 즐거움에 미친다는 것은 누군가의 회사나 조직에 종속이 되어 일을 하는 것이 아니라, 자기 자신을 위해서 자신이 가장 좋아하는 일을 마음껏 해 나가며, 즐겁게 인생을 살아간다는 것을 의미한다.

즐거워야 제대로 나이 드는 것이다.

매일 집과 회사를 왕복하는 생활을 하면서 하나도 즐겁지 않고, 하나도 행복하지 않다면 제대로 잘 살아가고 있는 것일까?

누구나 다 그렇게 산다고 스스로 위안해 본다고 해서 그런 삶이 정상적인 삶일까? 아니다. 그것은 노예의 삶에 불과하다.

과거에는 노예 제도가 있었고, 노예로 태어났다면 평생 노예로 살아야 했다. 전쟁에서 지면 결국 노예가 되기도 했다.

하지만 지금 이 시대는 다르다. 왜 과거 노예만도 못 한 인생에서 벗어날 생각은 하지 않는 것일까?

중요한 한 가지 사실은 돈을 아무리 많이 가지고 있고, 남들보다 더 높은 지위에 있는 사람이라고 해도, 하루하루 살아가는 것이 즐겁지 않다면, 그것은 좋은 삶이라고 할 수 없다는 것이다.

인생과 일을 즐길 줄 아는 사람이 최고의 인생 고수가 아닐까?

가정과 회사만 왕복하는 사람은 세계가 너무 좁고 친구가 없다고 할 수 있다. 하지만 인생을 다양하게 즐길 줄 아는 사람은 인생의 기반이 넓고 다양한 친구들도 많다.

어떤 인생이 더 풍요롭고 이상적인 인생일까?

인생 고수들의 특징은 단순하다는 점이다. 왜냐하면 최고는 단순하기 때문이다. 그리고 최고는 단순하기 때문에 인생살이가 즐거울 수밖에 없다. 또 다른 특징은 인생 고수는 그런 단순함

덕분에 사는 것이 쉽고 편하다. 너무 많은 일들을 만들지도 않고, 복잡한 일들을 쉽고 정확하게 해결해 버릴 수 있는 능력을 갖춘 자들이다.

대부분 사람에게 사는 것이 힘들고 어려운 이유는 삶이 너무 복잡하기 때문이다. 인생 고수는 삶이 단순하다. 복잡한 것들을 다 거부할 줄 알고, 끊어낼 줄 안다. 인생 고수는 삶을 정갈하게 단순하게 쉽게 만들 줄 안다. 인생을 즐길 줄 안다는 것은 어느 정도 단순해져야 가능하기 때문이다.

오로지 목적지만을 머릿속으로 생각하고 있다면, 그리고 두 눈으로 그것만 바라본다면 여행의 재미는 상실된다. 하지만 여행이 즐거운 이유는 목적지가 아니라 과정에 더 큰 비중을 두기 때문이다. 그렇다. 인생은 마라톤이 아니라, 여행처럼 살아야 한다.

인생도 여행처럼 살아갈 수 있다. 당신의 생

각과 의식이 바뀌면 된다. 삶을 선물로, 여행으로 생각하며 살아가는 사람들은 인생의 기쁨과 즐거움을 만끽하고 절대 놓치지 않는다. 하지만 많은 사람들이 이렇게 살아가고 있는 것이 아니라, 인생을 의무나 짐으로 생각하고 하루하루 버티면서 살아간다.

하루하루 버티면서 끌려가면서 늙어가는 삶을 제대로 살고 있다고 할 수 있을까? 할 수 없다. 즐거운 삶이 아니기 때문이다. 즐겁지 않다면, 왜 그토록 아등바등 사는가? 그런 삶에서 벗어나는 사람과 벗어나지 못하는 사람의 차이는 오롯이 본인의 의지와 생각에 달려있다.

우리가 성공할수록 허전한 텅 빈 레인코트와 같은 처지가 되는 것은 바로 이것 때문이다. 찰스 핸디는 같은 이름의 책을 통해 자본주의의 부조리를 이야기하지만, 필자는 자본주의 보다 근본적인 문제는 자기 자신의 삶을 대하는 태도와 방식, 삶에 대한 의식과 생각에 기인한다고 말하고 싶다.

물론 자본주의 시스템의 부조리는 엄연한 사실이다. 하지만 당신이 이 시스템을 하루아침에 바꿀 수 없고, 바꾼다고 해도 너무 오랜 세월이 필요하다. 그리고 혼자서는 절대 안 된다. 당신이 힘들게 오랫동안 모든 것을 투자해서 자본주의 시스템을 바꾸려고 노력한다고 해도 불가능한지도 모른다. 어떻게 해서든 시스템을 바꾸었다고 해도, 무조건 행복하고 즐거운 삶을 모든 사람이 살아갈 수 있는 것은 아니다.

같은 사회 구조 안에서도 인생을 즐기면서 제대로 잘 사는 사람들은 언제나 존재했고, 세상에 존재할 수 없지만, 아무리 완벽한 사회 구조 안에서도 인생을 망치는 사람들도 언제나 존재한다.

그러므로 사회 구조나 자본주의에 관해서 이야기할 생각은 없다. 그것이 근본적인 해결책이 아니라고 생각하기 때문이다. 진정한 해결책은 우리 자신에게 있다. 우리의 외면이 아닌 내면, 즉 우리 자신에게 있기 때문이다. 우리가 성공하는 것, 행복한 것, 불행한 것, 실패하는 것이 모든 것은 우리 자신에게 달린, 우리 자신의 문제다. 자기 자신이 스스로 얼마든지 행복하고 즐겁게 나이 들 수 있는 시대다. 그러므로 나이 듦의 즐거움에 한 번 미쳐 보자. 결코 손해보는 일은 없을 것이다.

즐거움이 어울리는 사람이 즐거운 삶을 산다.

세상을 살다 보면 많은 사람들을 만나게 되고 알게 된다. 하지만 그토록 많은 사람이 하나같이 다 똑같지 않다는 사실은 정말 고무적이다.

그런데 그 사람 중에서 어떤 사람은 품격과 어울리는 사람이 있다. 하나부터 열까지 모든 것이 품격이 흘러넘친다. 정말 감탄하지 않을 수 없다. 그리고 또 어떤 사람은 처음부터 끝까지 예술가의 기질이 흘러넘친다. 피카소도 울고 갈 정도이다.

그런데 이런 것 중에서도 가장 중요한 것은 삶의 즐거움이 진정 어울리는 사람이 가장 중요하다는 생각을 하지 않을 수 없게 된다.

아무리 품격이 있고, 지식이 있고, 돈이 많고, 능력이 좋아도, 즐겁지 않은 사람은 항상 입에 불평불만을 달고 살아가거나, 과거에 대한 후회와 원망, 미래에 대한 걱정과 두려움을 가지고 살아간다. 이런 사람들이 현재를 오롯이 즐기고, 즐거운 인생을 살아갈 리 없다.

즐거움이 어울리는 사람으로 살아야 하는 이유다. 즐거움이 어울리는 사람은 먼저 인생을 놀이처럼, 게임처럼, 여행처럼, 선물처럼 생각하며 살아가는 사람들이다.

한국인들은 특히 너무 진지하다. 세상의 모든 고통과 아픔과 슬픔을 자기 자신이 다 짊어지고 가는 수도자처럼 그렇게 너무 진지하고 매사에 엄격하다.

얼굴에 웃음이 없는 사람들은 즐거움이 어울리는 사람들이 아니다. 그래서 아무리 좋은 환경과 조건 속에서 살아가더라도 절대로 즐거운 삶을 살 수 없다.

얼굴에 항상 웃음을 짓는 사람들, 얼굴에 항상 미소를 짓는 사람들은 즐거움이 어울리는 사람들이다.

이런 사람들은 어떤 환경 속에서도 마음에 여유와 기쁨이 샘솟는 사람들이다. 인생이 즐겁지 않을 리 없다.

조심해야 할 것은 너무 완벽 추구형 인간이 되어서는 안 된다는 것이다. 완벽 추구형 인간은 모든 것을 지나치게 따지고 들고, 그 어떤 위대한 일도 도전하지 못한다. 너무 완벽해야만 하기 때문이다. 도전하기도 전에, 자포자기하는 경우가 많다.

이런 사람들은 즐거움과 어울리지 않는 사람들이다. 이런 사람들은 인생의 행복을 즐길 수 있는 하루 중에 수많은 시간을 그저 완벽이라는 그 한 가지 때문에 고민하면서 흘려 버리게 된다.

그래서 즐거움이 어울리는 사람은 완벽주의자가 아니다. 절대 아니다. 오히려 복잡한 세상을 단순하게 볼 줄 아는 사람들이 즐거움이 어울리는 사람들이다. 우리는 이런 사람들을 낙천주의자라고 부른다.

세상을 살아가는 사람들은 많은 복잡한 문제로 골머리가 앓는다. 그것이 세상이라고 스스로 반문한다. 하지만 그것이 세상이지만, 다르게 반응하고, 다르게 생각하고, 다르게 살아가는 세상도 엄연히 존재한다.

같은 세상에 살지만, 남과 다르게 생각할 줄 알고, 남과 다르게 반응할 줄 아는 사람들이 인생 고수다. 그리고 인생 고수들은 복잡한 문제도 쉽고 간단하게 해결 할 줄 안다.

복잡한 문제들을 쉽고 편하게 간단하게 해결하는 사람들은 걱정과 스트레스에 몸서리치지 않는다. 보통 사람보다 훨씬 더 걱정과 스트레스가 적기 때문이다.

세상과 타인의 압박과 스트레스에 짓눌리지 않는 사람들이 인생 고수다, 바로 이런 사람들이 즐거움이 어울리는 사람들이다.

나이 듦의 즐거움에 미치기 위해서는 한 가지 전제 조건이 필요하다.

바로 세상을 남과 다르게 볼 줄 아는 유연한 시각, 더 넓은 시각, 더 길게 내다볼 줄 아는 긴 시간이다. 이런 사람들이 인생과 일을 즐길 줄 아는 진정한 인생 고수이기 때문이다.

인생 하수에게는 즐거움이 어울리지 않는다. 세상과 타인의 복잡한 일들이 자신을 끌고 가기 때문이다. 하지만 인생 고수는 세상과 타인을 끌고 가는 사람이다. 인생과 일을 끌고 갈 줄 아는 사람이다.

나이 들수록 더 즐겁게 살아야 하는 이유

중년이 되고 노년이 되면, 행복 지수는 어떻게 변할까? 행복을 조사하고 연구한 어떤 기관에서는 나이에 따라 인간의 행복 지수가 달라진다는 것을 발견했다.

영국에서 조사한 결과에 따르면, 인간은 23세와 69세 때가 가장 최고조로 행복해진다고 한다. 그래서 나이에 따른 행복 지도는 U자 패턴이라는 것이다.

이 조사 결과에 따르면, 가장 힘들 때는 40대다. 가장 힘들고 불행한 때가 바로 40대다. 하지만 인생과 일을 즐길 줄 아는 사람은 40대가 가장 행복할 수 있고, 나이에 상관없이 평생 행복한 삶을 살아갈 수 있다.

특히 나이 들수록 더 즐겁게 살아야 한다. 그 이유는 무엇일까?

명쾌하다. 인생은 단 한 번뿐이기 때문이다. 단 한 번뿐인 인생을 힘들게 일만 하고 보낼 것인가? 아니면 일도 하지만, 즐겁게 살며 보낼 것인가?

인생 고수는 즐겁다. 즐길 줄 안다. 인생에서 단 한 번이라도 제대로 인생을 만끽하면서 즐겁게 살아본 적이 있는가?

자기 자신에게 최고의 기회를 주고, 최고의 투자를 자신에게 해 본 적이 있는가? 없다면 이제부터 시작하면 된다.

당신만 힘든 이유는 없다. 당신과 똑같은 환경, 똑같은 나라, 똑같은 시대를 살고 있는 엇비슷한 사람 중에 인생과 일을 즐기면서 재미있게 살아가는 사람들이 적지 않다. 그리고 당신이라고 해서 그런 삶을 살아서는 안 되는 이유나 살 수 없는 이유는 없다.

오히려 지금까지 힘들게만 살아왔다면, 바로 그것 때문이라도 당신은 더 즐겁게 살아야만 한다.

지금 당신은 충분히 재미있는 일을 하고 있는가? 인생은 단 한 번뿐이다. 인생은 신이 당신에게 선사하는 선물이다. 지금 당신이 하는 일이 충분히 재미있는 일이 아니라면, 그만두는 것이 낫지 않을까? 세상은 넓고, 할 일은 많기 때문이다.

이 세상에는 재미있는 일이 차고 넘친다. 하지만 단순히 그것 때문만은 아니다. 이 세상에 재미있는 일이 없다고 해도 당신은 재미있는 일을 스스로 만들어서라도 해야 한다. 당신의 인생은 단 한 번뿐이기 때문이다.

나이 들수록 더 즐겁게 살아야 하는 이유가 바로 이것이다. 삶은 언젠가 끝난다는 사실을 기억하라. 누구의 삶도 마찬가지다. 그래서 우리는 한 번도 가지 않은 길을 가야 하는 것이다.

당신이 나이 들수록 더 즐겁게 살아야 하는 이유는 그렇게 해야 게으르고 무능한 상태에서 벗어날 수 있기 때문이다. 즐거움은 당신을 발전시키고, 변화시키는 원동력이 될 수 있다. 하지만 사는 것이 즐겁지 않고, 괴롭다면, 변화와 성장을 기대할 수 없다.

게으르고 무능하면 지금 당신이 가지고 있는, 많지 않은 것마저 다 빼앗기게 된다. 건강이며, 명예며, 자산이며 마찬가지다.

많은 사람은 착각 속에 살고 있다.

많이 가지고 있어서 즐겁게 살 수 있는 것이지, 가난한 사람들은 즐겁게 살 수 없다고 말이다. 하지만 필자는 이런 생각이 잘못된, 아주 잘못된 착각이라고 생각한다.

유능하고 부지런하여서 즐겁게 살 수 있는 것이 아니라, 즐겁게 살기 때문에 더 유능해지고, 더 부지런해진다고 말이다. 또한 가지고 있어서 즐겁게 살 수 있는 것이 아니라 즐겁게 살기 때문에 더 많이 가질 수 있게 된다고 말이다.

즐기겠다고 마음먹어라.

이제부터 당신이 어떤 상황, 어떤 조건, 어떤 형편이더라도, 심지어 교도소에 있더라도, 파산한 상태라도, 아니면 이혼을 당했거나, 무직 상태라도 이 생각만을 새롭게 하는 것이 좋을 것 같다.

'무조건 즐기겠다.'

나이키의 위대한 광고 문구인 'Just Do it!' 처럼 말이다.

그저 Just Enjoy it! 하라고 말이다.

우리가 인생을 즐기고, 나이 듦을 즐기겠다고 하는 데 감히 누가 반대할 수 있을까? 이 세상이 다 달려들어서 반대해도 우리는 즐길 수 있다. 그것이 인간의 내공이고 위력이다. 당신이 인생 고수라면 더더욱 그렇다. 인생 고수가 아니라면, 이 책을 통해 인생 고수도 도약할 수 있다.

인간은 보통 이만저만한 존재가 아니다. 위대한 존재이다.

생각할 수 있고, 글을 쓸 수 있는 존재다. 이 두 가지 능력은 세상을 다시 만들 수도 있는 능력에 버금가는 능력이다. 그러므로 당신은 이제부터 즐기겠다고 마음먹어라. 당신은 사실 당신의 생각보다 백 배 혹은 천 배 이상, 혹은 그 이상 위대한 존재다. 당신만 모르고 있었고, 자신을 의심하고 있었다.

당신이 결단하고 마음먹으면, 이 세상도 당신을 돕는다. 당신이 가는 길에 닫힌 문이 수만 가지라면, 그 문을 다 활짝 열어주고, 길이 없으면, 없던 길도 만들어 준다. 당신이 결단하고 행동하면 말이다. 이처럼 인간의 결단과 행동은 위대함을 동반하고 있다.

절벽 위의 바위가 그냥 있으면 아무런 힘도 없지만, 굴러떨어지는 순간, 엄청난 파괴력이 생기고 그 결과 산사태까지도 일으킬지도 모른다. 인간의 결단과 행동도 마찬가지다. 결단하고 행동하는 순간, 어마어마한 힘이 생기고, 온 우주가 당신을 돕도록 만든다.

우리는 무엇보다도 살아가면서 '우리 자신의 세계를 창조' 해야 할 의무가 있다. 사실 우리 한명 한명은 이미 우주다. 그런데 우주를 우주답게 대우하지 않고 살아간다는 것은 무책임한 나태이고 방종이다.

'당신은 살아가면서 자신의 우주를 창조한다.' 라고 윈스턴 처칠이 말했지만, 이 말은 틀렸다. 우리는 살아가면서 그 어떤 세계도 창조하지 못한 채 누군가의 세계 속에서 노예로, 부속품으로 살아왔다.

그렇기 때문에 이제부터는 우리의 세계를 창조해야 한다. 그렇게 하기 위해서 당신에게 가장 필요한 것은 무조건 즐기겠다고 마음먹는 일이다. 결단하고 행동하라. 크고 위대한 일을 하라는 것이 아니다. 작고 실천 가능한 일부터 하라는 말이다. 미소를 짓는 것, 어깨를 펴는 것, 큰 소리로 웃는 것, 팔 굽혀 펴기를 하는 것부터 시작하라.

즐길 수 있어야 당신은 비로소 당신의 세계를 창조할 수 있기 때문이다. 누군가의 말대로 항상 피로감에 지쳐서 자기 착취만 하는 당신이라면 절대로 당신의 세계를 창조해 나갈 수 없을 것이다.

자신의 세계를 창조해 나가기 위해서는 무엇보다 엄청난 에너지가 필요하다. 그 에너지는 우리가 평범하게 일상생활을 하면서 구할 수 있는 정도가 아니다. 그 정도의 에너지는 당신이 남과 다른 삶을 살아야만 얻을 수 있다.

그리고 그것이 바로 나이 듦을 즐기는 가운데 생겨나는 즐거움의 에너지인 것이다. 지금까지 우리의 삶의 방식과 태도는 잘못된 것이 너무나도 많다.

일에 지쳐서 일만 하는 중년이기 때문이다. 우리나라 근로자의 평균 근로 시간은 정말 끔찍하다. 다른 나라보다 500시간을 더 많이 일을 한다고 한다. 2,000 시간이 훌쩍 넘는 2,193 시간이 우리들이 일을 하는 평균 근로 시간이다. 그 결과 과로사로 세상을 마감하는 사람들도 일 년에 수백 명이 넘는 지경이다. 과로사가 아니더라도 간접적으로 피로가 누정이 되어 만성 질환으로 인해 몇 년 후에 사망하게 되는 사람까지 합하면 수천수만 명이 넘어간다.

어떤 학자는 '현대를 인간이 자기 스스로를 노예처럼 과잉 노동으로 몰고 가는 자기 착취 시대'라고 정의한다. 그 학자의 주장은 하나도 틀린 것이 아니다.

' 피로 사회는 자기 착취의 사회다. 피로 사회에서 현대인은 피해자인 동시에 가해자이다.'

[피로 사회]라는 책을 집필한 한병철 교수의 주장이다. 우리가 즐기겠다고 마음먹어야 하는 이유가 바로 이것이다.

더 이상 스스로를 착취해서는 안 된다. 그런 삶을 통해서 당신은 그 어떤 것도 해낼 수 없기 때문이다. 스스로 착취하는 피로한 삶을 끝내고, 스스로 즐기면서 살아가는 즐거운 삶을 시작해야 한다. 그런 삶에 변화와 성장, 성공과 번영이 깃들어 있다.

나이 듦의 유익함을 누려라.

세월이 주는 고마운 선물들이 적지 않다. 하지만 우리가 우리의 일에 매여 있고, 욕심과 성과주의에 사로잡혀 있다면 이러한 선물들을 절대로 발견해 낼 수 없다.

자기 자신을 착취하고, 학대하는 삶에 익숙해져 버린 사람들은 나이 듦의 유익함을 오롯이 누릴 수 없다.

왜냐하면 나이 듦의 유익함은 스스로 착취하는 삶과 거리가 멀기 때문이다.

세월이 우리에게 주는 고마운 선물들은 품위 있게 나이 들 수 있다는 것, 좋아하는 일을 하면서 나이 들 수 있다는 것, 노예처럼 하기 싫은 일을 하지 않을 수 있다는 것, 무엇보다 스스로 선택함으로써 현명하게 나이 들 수 있다는 것, 만나기 싫은 사람을 안 만날 수 있는 자유 등이다.

이렇게 하기 위해서는 성과에 집착해서는 안 된다. 하지만 우리 사회는 지금 성과 주의 사회이다. 우리 자신을 스스로 성과의 주체자로 만들어, 어떻게든 성과를 내야, 인정받고, 부자가 되고, 성공할 수 있는 사회다.

그 결과 수많은 낙오자와 우울증 환자를 양산하게 된다. 그래서 성과를 낸 사람들은 스스로 피해자가 되고, 경쟁에서 밀려나 성과를 내지 못한 사람들도 타인에 의해 피해자가 되는 것이다.

결국 승자가 없고, 모두가 피해자가 되는 게임이다.

하지만 나이 듦의 유익함을 누리고, 즐거움에 미칠 줄 아는 사람이 된다면 인생의 진정한 승자가 될 수 있을 것이다. 나이 듦의 즐거움에 미칠 줄 아는 사람은 이런 쥐들의 경주에서 벗어날 수 있다.

시대는 항상 변한다. 그리고 그 시대를 대변하는 패러다임도 그 시대의 흐름에 발맞추어 항상 변한다.

과거에는 ' 안 돼, 놀지 말고, 열심히 일해, 성실하고 근면한 것이 최고야. 무조건 부지런해야 하는 것이야.' 라고 하면서, 성실과 근면을 최고의 가치로 여겼다. 하지만 이제는 시대가 바뀌었다.

'너는 할 수 있어' ' 성과를 내야 해,' ' 열심히 하지 말고, 잘해야 해' ' 일을 했으면 무조건 성과를 내야 돼' 라고 성과주의로 바뀌었고, 성과 창출을 위해 긍정적인 마음이 최고의 가치가 되어 버린 것이다.

결국 긍정의 이유는 성과를 창출하기 위해서이지, 인생을 제대로 살아보기 위한 것이 아님을 알 수 있다.

문제는 바로 이것이다. 100년밖에 안 된 서양의 자기 계발 서적들이 무차별적으로 한국 사회에 들어옴으로써 많은 사람이 이 책을 통해, '긍정 마인드'와 '성과주의'에 빠져들게 되어, 꿈과 목표의 노예가 되기 시작했다.

인간의 인간다운 삶보다 꿈과 목표가 더 우선시 되었다. 그 결과 꿈과 목표를 달성하는 것이 인간답게 살아가는 것보다 더 중요한 지상과제가 되어 버렸고, 실제로 많은 사람들은 꿈과 목표를 달성하고, 그런 성과를 창출하기 위해 스스로 노예를 자처하게 되어 버린 것이다.

이런 상황에서 누가 나이 듦의 유익함을 제대

로 누릴 수 있을까? 아무도 멈춰 서지 않는 상태에서 혼자 멈춰 서기란 정말 힘들고 어려운 것임을 필자는 누구보다 더 잘 안다.

인간은 나이가 들수록 더 행복하고, 더 자유롭고, 더 즐거운 삶을 살아야 하고, 살 수 있다. 그렇기 때문에 이제부터 나이 듦의 유익함을 누려보자.

[혼자 사는 즐거움]이란 책을 보면, 혼자 사는 것이 불필요한 것이거나, 좋지 못한 것이 아니라 꼭 필요한 것이고, 좀 더 인간답게 살기 위해서 필요한 것일 뿐만 아니라 그것을 즐길 수 있고, 그 자체가 즐거움이 될 수 있다는 사실에 관해 이야기하고 있다.

요즘은 '얼마나 바쁜가?' 가 그 사람이 얼마나 잘나가고 있는지를 설명해 준다고 하는 시대다. 하지만 그것이 전부가 아니다.

너무 바빠서 자신의 시간을 좀처럼 낼 수 없고, 자신을 위한 즐거움을 위해 어떤 작은 취미도 없이 일만 해야 하는 사람을 우리는 행복하다고 할 수 있을까?

나이 듦의 유익함은 바쁨에 있지 않다. 오히려 마음의 여유와 즐거움에 있다. 일에 매여서 아등바등 살아가는 사람들은 절대 인생 고수가 아니다. 그런 사람들은 인생을 즐길 줄 모르고, 나이 듦의 유익함이 무엇인지도 모르는 사람들이다.

그런 부류에서 벗어나서 온전히 나이 듦의 유익함을 누릴 수 있는 사람이 되어 보자. 어떻게? 이 책에서 말하고자 하는 것이, 바로 그것이다. 이쯤 되면 몇 가지는 분명하게 알았을 것이다.

진짜 어른은 멋진 인생을 사는 당신이다.

진짜 어른은 어떤 사람들일까? 나이만 많이 먹었다고 해서 저절로 어른이라고 할 수 있을까? 물론 생물학적으로는 그렇다고 할 수 있다. 하지만 진짜 어른으로 살아가는 사람들이 과연 몇 명이나 될까?

진짜 어른으로 살아간다는 것은 어떤 것일까?

자기 자신의 세계를 창조해 나가면서 살아가는 사람들이라고 필자는 정의를 내리고 싶다. 진짜 어른은 어린아이의 세계와 달라야 한다. 수준도 다르고, 차원도 달라야 한다.

그저 남과 어울릴 줄 알고, 남과 함께 살아갈 수 있다고 해서 진짜 어른이라고 할 수는 없을 것이다.

우리는 우리 자신의 세계를 스스로 만들어 나가야 한다. 왜냐하면 그렇게 할 수 있는 위대한 존재이기 때문이다. 우리는 그렇게 태어났기 때문이다.

호랑이가 하늘 높이 멋지게 비상하며, 하늘을 주름잡는다는 것은 어불성설이다. 호랑이는 평생 땅에서 살아야 한다. 밀림을 주름잡고 밀림의 왕이 되어야 한다. 그리고 독수리로 태어난 동물은 좋든 싫든 독수리로 살아야 한다.

즉 하늘을 주름잡고 멋지게 비상하며 살아야 한다.

인간도 이와 다르지 않다. 인간으로 태어난 이상 인간답게 살아야 한다. 인간답게 산다는 것은 인간만이 할 수 있는 사유의 능력으로 새로운 세계를 창조해 나간다는 것이다.

세종대왕은 자신의 세계를 창조했고, 그 결과 위대한 조선과 한글 창제라는 부산물이 나온 것이다. 이순신 장군은 최악의 시대에 태어났지만, 자신의 세계를 스스로 창조하여, 왜군을 물리치고 위기에서 나라를 구했다.

안중근 의사도 최악의 시대에 태어나, 위대한 일을 했고, 그것이 바로 자신의 세계를 창조한 것이다. 스티브 잡스도, 빌 게이츠도, 버락 오바마도, 오프라 윈프리도 모두 자신의 세계를 창조했다.

당신은 어떤가?

당신만의 세계를 창조했는가? 그렇지 않다면 이제부터 창조해서 나가면 된다. 그렇게 하기 위해서 가장 중요한 것은 인생을 자기 자신만을 위한 삶으로 재정비해야 할 필요가 있다.

자기 자신이 가장 좋아하는 일을 할 때, 그것이 온 인류를 위한 일이 될 수 있다. 진짜 어른은 멋진 인생을 사는 사람이다. 그리고 멋진 인생이란 그저 놀고먹고 마시라는 것이 아니라 자기 자신만의 위대한 세계를 창조해 나가라는 것을 의미한다.

그리고 그렇게 하기 위해서 가장 필요한 것은 인생의 즐거움을 발견할 줄 알아야 하고, 인생을 즐길 줄 알아야 한다는 것이다.

스티브 잡스는 자신이 창업한 회사에서 쫓겨나는 수모도 겪었지만, 그는 자신의 세계를 스스로 창조해 나갈 줄 알았던 사람이었다. 그래서 결국 수많은 실패와 좌절 속에서도 멋진 인생을 살았다.

스티브 잡스의 삶에서 일에 매여 일의 노예가 된 것을 필자는 절대 찾을 수 없었다. 그는 일을 즐겼고, 일을 장악했고, 일을 누렸다. 그는 노예가 아니라 일의 주인으로 살았다. 이것이 인생 고수의 삶이다. 자신의 세계를 창조하고, 인류에게 스마트폰 혁명을 안겨다 주었다.

우리에게 필요한 것은 일을 그만두는 것이 아니라 일을 즐기는 것이다. 그리고 우리가 선택해야 하는 것은 나이 먹는 것이 아니라 즐겁게 살아가는 것이다. 하루하루 늙어 가는 것을 거부하고, 하루하루 즐겁게 살아가는 것을 선택하라.

" '오프학' 이라는 학문을 배우는 수업이 있다면 그건 오프 코스(off course)일 것이다. 이걸 오프 코스(of course, 당연하다)로 바꿔 말하면 훌륭한 말장난이 된다. 이렇게 기발한 생각을 해낼 수 있는 사람이야말로 인생의 달인이며, 일뿐만이 아니라 인생 전체를 풍요롭게 즐길 줄 아는 사람이다." < 오마에 겐이치, [OFF학, 잘 노는 사람이 성공한다], 5~6쪽 >

오마에 겐이치의 이 말을 명심하자. 일뿐만 아니라, 인생 전체를 풍요롭게 즐길 줄 아는 사람이 되어야 한다.

” 독서는 비용이 들지 않고 독서를 하면 만 배의 이로움이 있다. 가난한 사람은 독서로 부자가 되고 부자는 독서로 귀하게 된다. “

<고문진보>

제2장. 인생 고수로 살아가기 위한 7가지 조건.

‘장기간의 지배에 익숙해진 백성은 우연히 자유를 손에 넣게 되더라도 그것을 활용하지 못한다. 활용하는 법을 모르기 때문이다. 지배당하는 데 길들여져 스스로 생각하고 행동하는 것에 익숙하지 않기 때문에 무엇이 스스로를 지키는 일인지 알지 못한다.’ 마키아벨리 <정략론>

첫 번째_ 새로움에 도전하고 또 도전하라.

“ “당신은 모르시는군요. 이 날개 좀 보세요. 더 이상 움직일 수가 없어요.”

“메이나드, 자네는 이 자리에서 이제 막 진정한 자신으로 바뀔 자유를 얻은 거야. 본래의 자신답게 행동할 수 있는 자유를 말이지. 어떤 것도 자네를 방해할 수 없어. 그건 ‘위대한 갈매기’의 규칙이며, 진정한 규칙이라네.” “
< 리처드 바크, [갈매기의 꿈], 115 쪽 >

1970년대 미국에서 가장 많이 읽힌 소설은 [바람과 함께 사라지다]가 아니라, [갈매기의 꿈]이었다. 이 책이 그토록 미국인들에게 사랑

을 받은 이유는, 이 책이 제시하는 자유와 도전 정신 때문이다. 누군가를 의지하고, 무엇인가를 의존하는 삶에서 벗어나, 자유롭게 도전하는 삶의 가치를 일깨워준 책이기 때문이다.

자유와 도전 정신은 인생을 즐겁게 살기 위해서도 필요하다. 특히 무엇인가에 끊임없이 도전할 줄 아는 사람은 그렇지 않은 사람들보다 훨씬 더 많은 것들을 배울 수 있다.

미국 속담에 이런 말이 있다고 한다.

‘바보는 아무렇게나 헤매고, 지혜로운 사람은 여행을 한다.’

그렇다. 어리석은 사람은 인생도 이렇게 살아간다. 바보는 인생을 방황하면서 세상에 휘둘리며 살아가지만, 지혜로운 사람은 자신의 목표를 향해, 도전하며, 음미하며, 배우며, 특히 즐기며 살아간다.

바로 이 차이다. 이 차이가 인생 고수와 하수를 가른다. 인생을 좀 더 즐겁게, 누리면서, 행복하게 사는 사람과 그렇지 못한 사람의 차이 말이다.

마키아벨리의 [정략론]을 보면, 이런 말이 나온다.

‘장기간의 지배에 익숙해진 백성은 우연히 자유를 손에 넣게 되더라도 그것을 활용하지 못한다. 활용하는 법을 모르기 때문이다. 지배당하는 데 길들여져 스스로 생각하고 행동하는 것에 익숙하지 않기 때문에 무엇이 스스로를 지키는 일인지 알지 못한다.’

우리의 인생도 이와 다르지 않다.

매일 어제 했던 일을 오늘 하고, 오늘 했던 일을 내일 하면서 누군가가 시키는 일, 정해진 일만 하는 것에 익숙해져 있는 사람은 자신의 인생과 자신의 재능과 강점을 제대로 활용하지 못하고 낭비할 수밖에 없다.

도전을 통해 자신의 거인을 깨우고, 자신의 능력을 최대한 활용하는 것에 익숙하지 않기 때문이다. 바로 이렇기 때문에 이런 식으로 살아가는 사람들의 인생이 즐거울 수 없고, 그 결과 마키아벨리가 군주론에서 말한 것처럼, ‘결국 모든 것을 운명에 맡길 수밖에 없게 되는 것’이다.

인생을 즐기기 위해 가장 필요한 것은 장기간의 노예와 같은 습관에 익숙해진 자기 자신을 깨우고, 변화를 추구하는 일이다. 그래서 무엇인가에 새롭게 도전하는 것은 바로 그것이 무엇이든 본질적으로 이러한 일을 하게 되는 것이다.

그래서 그것이 운동이든, 취미생활이든, 등산이든, 인간관계든, 일이든 상관없는 것이다. 무엇이든 새로운 것에 도전하면 된다. 그 과정을 통해 달라지는 내면의 본질은 같기 때문이다.

무엇인가에 도전하고 또 도전하는 삶은 지루한 삶과 거리가 멀다. 재미없는 삶과도 거리가 멀다. 그러므로 도전하고 또 도전하는 삶을 살아야 한다. 인생 최대의 목표를 수립하고 그것에 도전하는 것도 좋고, 한 번도 가 보지 못한 곳에 가는 것을 도전해도 좋고, 한 번도 해 보지 못한 일을 하는 것에 도전하는 것도 좋다.

한 가지 명심해야 할 것이 있다. 절대 서두르지 말고, 절대 멈추지 말아야 한다는 것이다. 직장에 모든 것을 걸고, 평생 열심히 일 하다고, 정년퇴직을 한 후, 의욕 상실로 인해 무기력해지고, 그로 인해, 건강과 인생을 다 잃을 수 있게 된다.

정년퇴직했더라도, 새로운 무엇인가에 도전할 줄 아는 사람은 결코 그렇게 건강과 인생을 잃어버리지 않는다. 스스로 어떻게 잘해 나가느냐에 따라서 오히려 더 멋진 인생을 누릴 수 있고, 즐거워하며 기뻐할 수 있기 때문이다.

두 번째 _ 공부와 독서에 빠져보라.

다른 것은 다 틀린 헛소리라고 해도, 한 가지 사실만은 분명하다. 당신이 인생을 즐겁게 살지 못한다면, 그것은 당신 잘못이지, 세상 탓이 아니다.

당신이 탓하고 있는 똑같은 세상에 살면서 세상을 마음껏 즐기면서 살아가는 사람들이 얼마든지 그것도 적지 않게 존재하기 때문이다.

그렇다면 그것을 가르는 기준이나 원인이 있다면 무엇일까? 필자는 자신 있게 말할 수 있다. 양쪽 인생을 다 살아봤기 때문에 더 정확하게 말할 수 있다. 그것을 가르는 것은 바로 '지혜와 명철' 이다.

그리고 그 지혜와 명철은 바로 학교 공부가 아닌, 스스로 책을 읽고, 의식을 확장해 나가는 참된 인생 공부를 통해 누구나 조금씩 쌓아갈 수 있다. 그래서 마음이 조급한 사람들은 절대 인생 고수가 될 수 없다. 당신을 인생 고수로 만들어 주는 지혜와 명철은 하루아침에 얻을 수 있는 것이 아니기 때문이다. 돈을 주고 살 수도 없다.

비싼 수입차나 명품 시계는 몇억, 몇천을 주고 바로 구입 할 수 있다. 하지만 인생 고수를 만들어 주는 지혜와 명철은 억만금을 준다고 해도 돈이나 황금으로는 절대 살 수 없다. 그래서 의식을 확장해 주는 참된 독서는 억만금 이상의 가치가 있다고 옛 현인들이 그렇게 이야기한 것이다.

” 독서는 비용이 들지 않고 독서를 하면 만 배의 이로움이 있다. 가난한 사람은 독서로 부자가 되고 부자는 독서로 귀하게 된다. “

<고문진보> 에 나오는 왕안석의 권학문 중에 한 문장이다.

독서불파비讀書不破費
독서만배리讀書萬倍利

독서의 중요성을 설파한 것은 옛 현인들뿐만이 아니다. 동시대에 현인인 워런 버핏도 이렇게 강조한다.

"당신의 인생을 가장 짧은 시간에 가장 위대하게 바꿔줄 방법은 무엇인가?
만약 당신이 독서보다 더 좋은 방법을 알고 있다면 그 방법을 따르기 바란다.
그러나 인류가 현재까지 발견한 방법 중에서만 찾는다면 당신은 결코 독서보다 더 좋은 방법을 찾을 수 없을 것이다."

하지만 독서에 대해서 오해하는 사람도 많고,

독서가 진짜 무엇인지 제대로 깊은 통찰을 가지고 있는 사람도 많지 않다는 사실을 필자는 늦게나마 깨닫게 되었다. 독서하는 법, 독서법, 독서의 기술을 자전거 타기처럼, 운전하기처럼, 스키 타기처럼 배우고 익혀야 잘할 수 있다는 사실을 간과하는 사람이 너무 많다. 수영을 제대로 배우지 않고, 한간에 뛰어들면 그 결과 어떻게 되겠는가?

독서의 내공, 독서의 두께, 독서의 실력, 독서의 기술, 독서의 방법, 독서의 의지, 독서의 자세도 하나도 없으면서, 그저 남들이 하니까 도서관에 가서 책을 읽는 사람들이 많다. 문제는 인생이 전혀 바뀌지 않는 시간 낭비와 같은 독서라는 점이다. 이런 사람들은 독서한다고 해도 흉내 내기에 그치거나 수박 겉핥기 수준에 머물 수밖에 없게 된다.

독서는 우물 파기와 같다. 조금 깊게 파서 흙탕물이라도 나오면 그것에 만족하는 사람은 절대

맑고 맛있는 생수를 얻어낼 수 없다. 깊게 파기 위해서는, 독서법을 배워야 하고, 독서 능력이 뛰어나야 한다. 독서를 통해 인생을 바꾸는 사람들이 그렇게 적은 이유가 바로 이것이다. 독서도 한 분야에 대가가 되는 것과 마찬가지다. 세상에 공짜는 없고, 세상에 쉬운 길은 없다. 다만 뛰어난 전문가에게 제대로 배우면, 뛰어난 제자가 될 수 있다. 이것이 세상 이치다.

독서법을 배우고 익힌 사람은 많은 양의 독서를 제대로 할수 있다. 독서내공은 독서의 양과 질을 모두 잡을 수 있는 것을 말한다. 이렇게 해야 독서를 통해 생각하는 힘을 기를 수 있을 뿐만 아니라 무엇보다 지혜와 명철을 얻을 수 있다. 그리고 지혜와 명철은 다른 말로, 필자의 간결한 표현으로 의식의 확장이라고 할 수 있고, 그래서 우리는 책을 통해 가장 중요한 의식을 확장 시킬 수 있다.

지혜의 왕 솔로몬은 이런 이야기를 한 적이 있

음을 기억해야 할 것 같다.

‘ 지혜를 얻은 자와 명철을 얻은 자는 복이 있나니

이는 지혜를 얻는 것이 은을 얻는 것보다 낫고 그 이익이 정금보다 나음이니라.

지혜는 진주보다 귀하니 너의 사모하는 모든 것으로 이에 비교할 수 없도다.

그 우편 손에는 장수가 있고, 그 좌편 손에는 부귀가 있나니,

그 길은 즐거운 길이요, 첩경은 다 평강이니라. ‘ < 잠언 >

특히 책을 읽은 사람, 특히 책을 잘 읽는 독서 고수들은 항상 즐거움이 가득 차 있다. 세상 속에서 세상과 동떨어져 전혀 다른 세상을 경험하며 살 수 있는 이유는 세상과 타인을 좀 더 넓고 긴 시각으로, 남과 다른 시선으로 불 수 있기 때문이다. 이것이 삶의 여유며, 인생 고수만이 가

지고 있는 인생 병법이다. 그들의 대응 방식은 일반인과 다르다. 그래서 인생 고수다. 그들은 삶이 즐겁고 행복하고 신날 수밖에 없다.

어젯밤 잠자기 전에 잠깐 TV를 켰는데, 한국에서 이름만 대면 누구나 아는 그런 유명한 소설가가 나와서 강연하고 있었다. 청중 중의 한 명이 '책은 왜 읽어야 하는지? 책을 읽게 되면 무엇이 좋아지는지?' 에 대해서 질문을 했다.

그 유명한 소설가는 책을 읽게 되면, ' 생각하는 힘' 을 기를 수 있어서 책을 꼭 읽어야 한다고 대답했다.

필자가 그 장면을 시청하고, 많은 생각을 하게 되었다. 책의 위대함은 생각하는 힘을 기르는 것으로 한정되지 않기 때문이다.

사실 생각하는 힘을 기를 수 있는 것은 독서가 아니라도 많다. 머리를 잘 돌아가게 하는 게임을 하든가, 바둑이나 장기를 하거나, 수학 공부를 해도 생각하는 힘을 기를 수 있기 때문이다.

우리가 독서해야 하는 이유는 독서만이 우리의 의식을 확장해 줄 수 있기 때문이다. 우리가 독서해야 하는 이유는 독서만이 우리를 더 큰 세상으로 나아갈 수 있게 해 주기 때문이다. 단순히 생각하는 힘을 길러주기 때문만이 아니다. 물론 생각하는 힘도 길러주고, 머리도 좋게 해 주지만, 그것은 독서의 위대한 효과에 비하면, 너무나 작은 효과에 불과하다.

책의 위력은 우리의 상상을 초월한다. 인생을 다르게 살 수 있게 해 주는 힘을 가지고 있다. 실제로 책을 통해 인생이 바뀐 사람들이 한두 명이 아니다. 그럴 뿐만 아니라 책을 읽으면 인생이 즐거워지고, 행복해지고, 성공하게 된다.

이것보다 더 중요한 것이 있을까?

근대 경험론의 선구자이자 근대를 이전 시대와 단절된 새로운 세기로 만든 근대과학혁명에 중요한 기여를 한 철학자인 영국의 프랜시스 베이컨은 다음과 같은 말을 남겼다.

" 어떤 즐거움도
진리가 가득한 곳에 서 있는 즐거움에
비할 수는 없다. "

인생을 즐길 방법 중에 빼놓을 수 없는 것이 바로 독서인 이유가 이것이다. 독서를 통해 더 많은 의식의 확장과 지식과 지혜의 획득은 말로 할 수 없는 즐거움을 우리에게 선사해 주기 때문이다.

조선 시대는 말할 것도 없고, 고대 중국을 보더라도 평균 수명은 40세에 불과했지만, 공부를 평생 한 사람들은 80세 전후를 거뜬하게 건강하게 살았음을 알 수 있다. 이것이 우연의 일치일까? 아니다.

공부하고, 독서를 하는 사람들은 마음이 풍요롭고, 즐거워진다. 마음이 넉넉하고 즐거워지기 때문에 쉽게 늙지 않고, 병도 걸리지 않고, 평생 청춘으로 살아갈 수 있는 것이다.

책을 많이 읽고 책을 많이 쓴 일본의 어떤 작가는 50대의 나이임에도 30대의 외모와 몸을 가지고 있어서 화제가 된 적이 있는 것을 신문에서 본 적이 있다. 필자도 이 정도는 아니지만, 어디에 가도 동안이라는 말을 듣는 수준은 된다. 그 이유는 독서로 인한 즐거움 때문이라고 생각한다.

한 마디로 책을 가까이 해서 매일 책을 읽는 사람은 매일 새로운 것을 접하게 되고, 그 결과 뇌가 노화하는 것이 아니라 하루하루 더 젊어진다. 최소한 빨리 노화되지는 않는다.

뇌가 그렇게 되면, 몸과 마음이 따라가게 되고,

그 결과 외모도, 몸도, 마음도 젊어지는 것이다. 억만금을 줘도, 건강을 살 수 없다. 하지만 수천 권 이상의 독서를 하면 건강을 얻을 수 있다. 이 얼마나 좋은 일인가? 독서를 평생 해야 하는 이유이다.

세 번째 _ 인생을 향유하라.

당신 인생의 주인공은 오로지 자기 자신뿐이다. 나이가 많다고 해서 주인공을 다른 사람에게 양도할 수 있는 것은 절대 아니다.

그런 점에서 나이 탓을 하고, 움츠러드는 인생은 제대로 살아내는 인생이라고 할 수 없다. 인생이라는 빈 종이에 펜을 들고, 무엇인가를 써 내려가야 하는 사람은 바로 당신 자신이다.

나이는 숫자에 불과하다. 그런데도 '이 나이에' '내가 어떻게 저것을 해?' 라고 스스로 울타리를 쳐 버린다. 그래서 나이가 들수록 삶의 반경은 좁아지게 되는 것이다. 삶의 반경이 좁아지면, 사는 것이 무료해지고, 재미없어진다.

아무도 당신에게 '나이 값' 하라고 하지 않는다. 진짜 '나이 값'은 나이를 초월하여 인생을 즐겁게 활기차게 멋지게 누리면서 살아가는 것이다.

진짜 중용은 나이에 맞게 행동하는 것이 아니라, 자신의 인생에 맞게 행동하는 것이다.

우리가 알고 있는 [중용(中庸)]에 보면 의외의 말이 나온다.

" 도가 행하여지지 아니한 이유를 내 알았으니 지혜로운 자는 지나치고 어리석은 자는 미치지 못하기 때문이다.

도가 밝아지지 않은 이유를 내가 알았으니 어진 자는 지나치고 못난 사람은 미치지 못하기 때문이다.

사람은 마시고 먹지 않은 이가 없지만 맛을 아는 이는 드물다. “

< [중용], 4장 >

세상이 제대로 돌아가기 위해서, 좀 더 살기 좋은 사회가 되기 위해서 지혜롭고 어진 자는 지나쳐야 하고, 어리석고 못난 사람들은 미칠 필요가 있다. 그렇게 하기 위해 필요한 것은 ‘불광불급’ 의 정신이다.

무엇인가에 미칠 줄 아는 사람은 즐겁다. 이런 사람은 절대로 ‘ 이 나이에 무슨’ 이라는 말을 하지 않는다. 미칠수록 나이를 잊고 더 즐겁게 더 멋지게 더 제대로 인생을 살아낼 수 있다.

그래서 ‘ 이 나이에’ 라는 말을 하지 않는 사람일수록, 인생이 즐거운 것이다. 나이나 체면에 연연하지 않는 사람만이 인생을 진정으로 향유할 수 있다.

최소한 '미쳤다' 라는 소리를 자주 듣는 사람이 되면, 그 사람은 인생을 제대로 살아가고 있는 사람 중의 한 사람이라고 생각해도 된다. 오히려 자신이 뭔가를 하려고 할 때, 반대하는 사람이 많다면 그것은 당신이 비로소 인생을 즐겁게 살려고 하는 것인지도 모른다.

즐거움에 미치기 위해서는 먼저 그 어떤 것에도 연연해해서는 안 된다. 즉 거침없이 인생을 즐기기 위해서는 행복에도, 성공에도, 인정에도, 평판에도 연연해하지 말아야 한다. 인생은 성공을 위한 도구가 아니다. 인생은 향유하는 장소이며, 기회이며, 터전이다.

즐거움에 미치기 위해서는 가지고 있는 것들을 다 내려놓을 수 있어야 한다. 사회적 지위나 체면을 버리면, 인생이 즐거워지는 이유가 바로 이것이다.

나이나 체면에 덜 집착할수록 당신의 인생은 더 즐거워지고, 더 밝은 미래를 스스로 만들어 갈 수 있다. 이것이 인생을 진정으로 향유할 줄 아는 인생 고수의 자세다.

나이나 체면에 덜 집착할수록 물질적인 욕망을 줄일 수 있고, 사회적 명예욕에서 벗어날 수 있다. 이것처럼 사람을 망치게 하는 것도 없다. 이런 욕망에서 벗어날 때 당신은 비로소 나이 듦의 즐거움을 깨닫게 된다.

인생은 소유가 아니라 향유다. 뭔가를 자꾸 소유하려고 하지 말고, 지금 이 순간을 누리고 즐기고 향유해야 한다. 인생은 향유다. 나이나 체면이 밥 먹여주지 않는다. 더더욱 당신의 인생을 즐겁게 만들어 주지 않는다. 그러므로 나이나 체면 얘기 그만하고, 이제는 인생을 즐겨야 한다. 한 번뿐인 인생, 왜 즐기지 않는가?

인생은 향유하라고 존재하는 것이다. 향유하는 사람이 인생 고수며, 자신의 삶을 누릴 수 있는 사람이다.

네 번째 _ 모든 것을 기뻐하고 감사하라.

로마 역사를 보면 가장 위대했던 철학자를 만날 수 있다. 황제이면서도 철학자였던 마르쿠스 아우렐리우스이다. 그가 쓴 위대한 철학책인 [명상록]을 읽어보면 배울 점이 너무 많다는 것을 쉽게 알아챌 수 있다.

" 만약 그대가 외부적인 문제로 고통받고 있다면 그 문제가 그대를 괴롭히는 것이 아니다. 그 문제를 받아들이는 그대의 판단이 괴로움을 주는 것이다. 그러므로 그대는 그 판단(생각)을 지금 당장 날려버릴 수가 있다."

그의 말처럼 우리가 지금 고통받고 있고, 힘들어하고 있고, 가슴 아파하고 있고, 걱정과 두려움에 사로잡혀 있다면 그것은 외부적인 문제 때문이 아니라 내 마음의 문제 때문이다.

이 세상에 좋은 것도, 나쁜 것도 없다는 말을 아는가? 어떤 것도 최악의 상황이 아니고, 동시에 그 어떤 것도 최선의 상황도 아니다.

그런 점에서 모든 것을 기뻐하고 즐거워하고 감사할 줄 알아야 하고, 그렇게 해야 한다. 그 이유는 무엇일까? 왜냐하면 그렇게 하는 사람은 더 많이, 더 자주 즐겁고 풍요로운 삶을 만나게 되고, 만들어 나가며 살게 되기 때문이다.

행복도 습관이라는 말이 있듯이, 기뻐하고 감사하는 것도 어떻게 보면 습관이다. 그리고 더 중요한 것은 좋은 습관은 계속해서 더 좋은 습관과 더 좋은 것들을 불러들인다는 것이다.

끌어당김의 법칙이 바로 이런 것이다.

생각해 보라.

어떤 사람이 거액의 연봉을 받고 좋은 대우와 근무 환경에서 일을 할 수 있는 데도, 그것을 포기하고 월급 한 푼 받지 못하는 도서관에 매일 출퇴근하면서 책만 읽었다. 그것도 한두 달을 그렇게 한 것이 아니라 36개월 이상을 그렇게 했다고 한다.

바로 필자의 이야기다.

3년 동안 백수이면서 무직자로 도서관에 매일 출근하여 하루 종일 15시간 이상을 책만 읽으면 어떻게 될까?

결과는 이미 다 아실 것이다. 하지만 과정은 아무도 모를 것이다. 일단 세상으로부터 엄청난 무시와 멸시를 당하게 된다. 그것도 멀쩡한 중년 남자가 말이다. 여기에다가 매일 집에 들어가면 집에 있는 여자(?)로부터 완전한 무시를 당하게 된다.

한 마디로 자존심이 상하는 정도가 아니라, 아예 인간 이하 취급을 받게 된다. 그렇게 살다 보면 아무리 책에 미친 남자라고 해도 하루하루 사는 것이 행복하고 즐거울 수 있을까?

심지어 한 달 용돈으로 5만 원도 받지 못했다. 집에 돈이 있으면서 남편이 일도 안 하고 돈도 안 벌어다 주고 책만 본다고 해서 아내의 보복성 행동이 아니라, 실제로 집에 돈이 다 떨어졌다.

마치 과거 조선 시대에 책만 보는 양반이나 선비들처럼 말이다. 옛날 책에서나 볼 수 있었던 그런 상황을 직접 본의 아니게 겪게 되었다.

도서관 가기 전 아침마다 엄청난 잔소리를 견

디어 내야 했고, 밤마다 엄청난 바가지를 이겨내야 했다. 한 마디로 지옥이었다. 그럼에도 도서관에 가서 30분만 책을 읽기만 하면 필자는 이 세상을 다 가진 것처럼 행복하고 즐거운 사람으로 변신할 수 있었다.

그 이유는 책의 위대함도 있겠지만, 매일 책만 볼 수 있다는 사실에 대해서 무한 감사를 하기 때문이다. 감사의 위력은 우리의 상상을 초월하기 때문이다.

그러한 가난한 생활 가운데에서도 잊지 않고 한 것이 책을 읽을 때마다 이 책을 읽게 해 주셔서 감사하다는 감사의 표현이었다. 그리고 책을 읽는 내내 감사한 마음으로 충만해 있었다. 그렇게 3년을 살다 보니, 특히 돈이 없어서 구매를 많이 하지 못했지만, 구매한 책에는 반드시 '이 책을 제게 주셔서 감사합니다.' 라는 표현을 책 안 표지에 꼭 쓰기 시작했다.

그렇게 감사의 표현을 3년 동안 쓰다 보니, 어느 순간에 책의 안 표지에 저자 사인을 하는 자신을 만나게 될 수 있었던 것이라고 필자는 생각한다.

감사하고 기뻐하면, 무에서 유가 창조된다. 그것을 실제로 경험한 사람이 바로 필자이다. 필자가 3년 동안 백수 무직자 생활을 하면서, 동시에 도서관 천일 독서의 이 생활을 하면서, 감사할 줄 몰랐다면 아마도 지금도 경제적으로 그런 생활에서 벗어나지 못했을 것이다.

인생을 살아가면서 부딪치는 모든 사람, 장소, 사물, 생각, 사건들은 우리에게 어떤 영향을 절대적으로 주지 못한다. 똑같은 사물과 사건, 장소를 만나더라도 스스로 어떤 생각을 하고, 어떤 태도를 보이느냐에 따라 좋은 영향을 받게 될 것인지 아니면 나쁜 부정적인 영향을 받게 될 것인지가 결정된다.

가장 큰 긍정적이고 좋은 영향을 받게 해 주는 최고의 방법은 바로 감사이다.

감사는 무슨 일을 만나더라도 그저 '좋은 쪽으로 받아들이자'의 수준을 훌쩍 뛰어넘어 역경과 아픔 속에서도 숨겨져 있는 축복과 기회를 볼 수 있게 만들고, 심지어 만들 수 있도록 해준다. 바로 이 점이 우리가 모든 것을 기뻐하고 감사해야 하는 이유이다.

감사를 함으로써 우리는 집착이나 중독, 편협한 사고와 욕심에서 벗어날 수 있게 된다. 감사를 함으로써 우리는 좀 더 나은 인생을 구축해 나갈 수 있게 된다. 그래서 필자는 감사의 효과라는 말보다 감사의 기적이라는 말을 더 좋아한다.

감사의 힘이 효과를 넘어 기적의 수준만큼 크기 때문이다.

나이 듦에 대해 감사를 해 보라. 단순한 그러한 행동이 당신의 인생을 송두리째 깨어 있게 해 주고, 충실하게 살아갈 수 있게 해 주고, 지금보다 더 활기가 넘치게 해 준다.

타인에 대한 감사는 이 세상을 좀 더 살기 좋은 곳으로, 좀 더 나은 곳으로 만들어 주는 데 일조한다. 우리가 감사해야 하는 이유 중의 하나가 바로 이것이다.

다섯 번째 _ 과거와 자신에게서 벗어나라.

행복하게 살아가는 방법은 수천 가지다. 그런데 그 수천 가지 방법의 본질은 단 한 가지다. 그리고 그것은 바로 자신과 과거에 집착하지 않는 것이다.

이것만 된다면 당신은 지금보다 훨씬 더 행복하게, 기뻐하며 즐거워하며 누리며 살아갈 수 있다.

우리가 가장 하기 힘든 것도 바로 이것이다. 우리는 너무 많이 우리 자신에게 집착하고 있다. 특히 우리 자신이 살아왔던 과거에 말이다.

그래서 과거에 내가 어떠했는지가 평생 우리가

어떻게 살아가야 하는지를 알게 모르게 규정해 버리고, 형성해 버리는 그런 과거 중심의 삶을 살아가고 있다.

과거와 자신에게 집착하지 않게 되는 순간, 당신은 그 어떤 것도 두려워하지 않을 수 있다. 그리고 무엇보다 자유로울 수 있다.

아무것도 두려워하지 않고, 자유로울 수 있을 때, 당신은 이 세상에서 가장 강한 사람이 될 수 있을 뿐만 아니라 가장 행복한 사람이 될 수 있다. 그렇게 되면 자신에게 날아드는 수백 개의 비난이나 불평을 다 받아들여도 절대 흔들리거나 상처를 입지 않을 수 있게 된다.

자기보다 타인에 더 귀를 기울일 수 있게 되고, 사소한 것들에 목숨 거는 어리석은 짓을 멈출 수 있게 된다.

과거와 자신이라는 괴물로부터 당신이 벗어날

수 있다면, 당신은 지금보다 훨씬 더 평화롭고 사랑스러운 존재가 되는 것은 시간문제일 것이다.

자신의 돈, 자기 생각, 자신의 주장, 자신의 소신, 자신의 철학, 자신의 지식, 자기 일, 자신의 시간, 자신의 자존심 등에서 약간 만 더 벗어날 수 있다면, 당신은 세상을 좀 더 여유롭게, 좀 더 느긋하게, 좀 더 낫게 살아갈 수 있다.

필자는 과거와 자신에게 집착하면서 10대와 20대, 그리고 30대를 보냈다. 과거와 나 자신에게 집착하면서 살았기 때문에 어제와 다른 인생을 꿈꿀 수조차도 없었다. 아등바등 나름대로 열심히 살았지만, 인생을 바꿀 수는 없었다. 바로 집착 때문이었다.

자신을 사랑하기보다 너무 집착한 나머지 그 어떤 실패도 용납할 수 없었고, 그로 인해 위험천만한 도전을 절대 할 수 없었다. 세상과 타인보다 제 삶과 시간에 더 집착했기 때문에 친절과 관용은 어디에도 찾아볼 수 없었다.

하지만 40대가 되면서, 과거의 나 자신에서 벗어나게 되자, 하루하루가 전혀 다른 사람으로 변화와 성장이 가능하게 되었다. 바로 어제까지는 죽었다 깨어나도 절대 상상할 수 없는 그런 사람으로 말이다. 이기적인 삶에서 이타적인 삶으로의 변화도 작지만 가능했다.

자기 자신의 부와 성공, 체면, 안전, 지위, 인생에 집착하지 않게 되자, 진정으로 자기 자신이 즐거워하는 것이 무엇인지 알게 되었고, 그것을 매일 실천할 수 있는 사람이 되었다. 자신에게 집착하지 않을 수 있게 되자, 주위 사람들이 더 행복할 수 있게 되었다.

세상의 성공과 부를 위해서 필요한 자기 관리, 인맥 관리, 경력 관리, 평판 관리 등을 헌 신짝처럼 가볍게 버리고 3년을 도서관에서 세상을 다 포기한 사람처럼 은둔자가 되어, 일분일초도

신문과 뉴스조차 보지 않고, 책만 읽을 수 있는 행복한 사람이 될 수 있었다. 이 모든 것이 과거와 자신에게서 벗어났기 때문에 가능했다.

자신에게 집착하는 사람은 부와 성공에도 집착하게 된다. 부와 성공을 획득하는 것이 자신에게 큰 보상을 줄 수 있는 최고의 방법이라 생각하기 때문이다. 하지만 부와 성공보다 더 큰 보상은 자신에게 집착하지 않는 것이다. 자신에게 집착하지 않을 때, 스스로 자신에게 가장 큰 보상을 할 수 있다. 바로 어제와 다른 인생 말이다.

이런 삶을 살게 된 것만 해도 기적과 같은 변화였지만, 더 큰 기적은 이것이 아니었다.

더 큰 기적은 과거 10년 동안 대기업 직원으로 지나칠 정도의 자기 관리와 시간 관리를 통해 자신을 착취하고, 자기 계발의 노예가 되어, 스스로 피로 사회의 가해자가 되었음에도 언지 못했던 부와 명예와 성공을 조금이나마 맛볼 수 있게 되었다는 사실이다.

노자가 얘기한 '무사성사'의 원리가 지금도 누군가에게는 통하는 것 같다. 바로 필자다.

자신을 버린 자가 먼저 자신의 부와 성공을 이루게 된다는 것이다. 남들 앞에 서고자 하는 자는 남들 뒤에 서야 한다는 것이다. 높아지고자 하는 자는 자신은 낮추어야 한다는 것이다. 세상을 가지고자 하는 자는 세상을 먼저 내주어야 한다는 것이다. 부와 성공에 집착하는 자, 부와 성공을 좇는 자는 그것을 얻지 못 한다. 그것이 '무사성사'의 원리다.

어제까지 자신이 어떤 사람인지는 절대 중요하지 않다. 그런 것에서부터 벗어날 수 있는 용기 있는 사람이 결국 인생에 있어서 퀀텀 점프를 할 수 있는 사람인 것이다.

과거와 자신에게 집착하지 않는 사람은 새로운 자신을 창조해 낼 수 있는 사람이고, 새로운 미래를 스스로 만들어 나갈 수 있는 사람이다. 이런 사람이 즐겁지 않다면 누가 즐거울 수 있을까? 이 세상에서 가장 즐겁게 살아가는 사람이 이런 부류의 사람이다.

당신은 왜 원하는 삶을 살아가지 못하고 있는가? 과거와 자신에게 너무 집착하고 얽매여 살아가고 있기 때문이다. 지금부터 자신에게 벗어나 새로운 자신을 만들어 나가 보자. 당신도 가능하다. 이 책이 그 방법을 알려주고 있으니까 말이다.

여섯 번째 _ 지금 이 순간도, 나이 듦도 모두 즐겨라.

‘지금 이 순간을 산다는 것은, 무슨 일을 하든 결과에 매달리지 않고 그 일 자체를 즐긴다는 뜻이다. 이것은 지금 이 순간을 좀 더 향기롭게 자각하는 것이며, 결과를 두려워하지 않고 행동으로 옮기는 것이다.’ < 앤드류 매튜스, [즐겨야 이긴다] 49쪽 >

나이 들수록 필요한 것은 지금 이 순간을 사는 것이다. 미래나 결과를 두려워하지 않고, 지금 이 순간 하고 있는 그 일을 즐길 수 있어야 한다.

지금 만나고 있는 사람에게 최고의 예우와 존

경을 해 주어야 한다. 지금 만나고 있는 상황에서 최고의 자신을 만들어 나가야 한다. 최고의 생각을 하고, 멋진 행동을 하는 것이다. 그것이 바로 지금 이 순간을 즐기는 것이다.

지금 이 순간을 즐기기 위해서 당신이 버려야 하는 한 가지 마음은 '완벽해져야만 한다는 생각'이다.

무엇을 하든, 실수 하나 하지 않고, 완벽하게 하려고 하는 것은 오만이고 교만이다.

전쟁터에 나가는 장수가 밑에 부하를 한 명도 잃지 않고 완벽한 승리를 거두겠다고 할 때 전멸당하게 되는 것처럼, 인생을 살면서 하나도 실수 하지 않고, 모든 것을 완벽하게 하겠다고 생각하는 자체가 인생을 살면서 그 어떤 것에도 도전해 보지 않고 살게 될 확률이 높은 것이다.

존재하는 유일한 시간은 바로 지금 이 순간 뿐

이다. 지금 이 순간만 우리가 진정으로 살아낼 수 있다. 그리고 지금 이 순간이야말로 우리의 삶을 펼쳐낼 수 있는 참된 무대이며, 존재하는 시간이다.

그래서 우리의 삶은 바로 지금 이 순간이다. 지금이 아닌 과거와 미래는 영원히 존재할 수 없다. 지금 이 순간에 모든 것이 존재한다.

그렇기 때문에 존재하지 않는 과거나 미래를 생각하거나 준비하기 위해 지금 이 순간을 낭비해서는 안 된다. 지금 이 순간을 우리가 즐겨야 하는 이유가 바로 이것이다.

유일한 시간은 지금 이 순간 뿐이다. 지금 이 순간이 즐거워야 하고, 기뻐야 하고, 우리가 가진 모든 에너지를 발산해야 한다.

주말에 아무것도 하지 않고 그저 빈둥거리며 TV 앞에만 죽치고 있는 것은 지금 이 순간을 즐기는 것이 아니다. 그것은 시간을 낭비하는 것이고, 권태와 나태로 TV의 노예가 되는 것이다.

지금 이 순간을 즐기는 사람은 그렇게 시간을 낭비하지 않는다. 오히려 시간을 알차게 보내며, 즐길 줄 안다. 지금 이 순간을 즐기지 못하는 사람이 나이 듦의 노년을 즐길 것이라는 사실을 상상할 수 없다. 지금 이 순간을 즐길 줄 아는 사람이야말로 나이 듦도 즐길 줄 안다.

[그리스인 조르바] 라는 책은 필자에게 아무것도 두려워하지 않고, 지금 이 순간을 오롯이 즐길 수 있는 용기와 변화를 심어준 책이다.

"나는 아무것도 두려워하지 않는다. 아무것도 바라지 않는다. 나는 자유다."

우리가 그에게 배워야 하는 것은 바로 이것이

다. 과거를 후회하지 않고, 미래를 걱정하지 않는 삶 말이다. 우리 인생은 오직 '지금 이 순간'에서만 살아갈 수 있기 때문이다. 인생의 진정한 자유와 행복은 지금 이 순간을 온전히 살아내는 능력에 달려있다. 이런 능력이 뛰어난 인생 고수가 바로 그리스인 조르바였다.

그는 세상의 부와 성공을 좇아가지 않았고, 세상과 타인과의 관계를 계산하지 않았다. 그는 온전히 춤추며, 노래하며, 사랑하며, 일했다. 그는 알았던 것이다. 우리 인생은 '지금 이 순간'에만 존재한다는 사실을 말이다.

'지금 이 순간'을 즐기는 사람은 시간을 낭비하지 않는 사람이다. '지금 이 순간'을 즐기는 사람은 과거를 후회하지 않고, 미래를 걱정하지 않는 사람이다.

'지금 이 순간'을 즐기는 사람은 진정으로 나이 듦의 즐거움에 미칠 줄 아는 사람이다. 그래서 지금 이 순간을 즐길 줄 아는 사람만이 나이 듦의 즐거움을 맛볼 수 있다. 그런 점에서 지금 이 순간을 즐기는 것은 결국 나이 듦을 모두 즐기는 것과 같은 말이다.

‘ 불행하다고 느끼는 사람이 있다면, 이는 그 자신의 잘못이다. 신은 모든 인간을 행복하도록 만들었기 때문이다.’ _ 에픽테토스

제3장. 인생 고수는 크게 버릴 줄 안다.

" 인간만이 이 세상에서 깊이 괴로워한다.

그러므로 인간은 웃음을 발명하지 않을 수 없었다.

가장 불행하고 가장 우울한 동물이 당연히 가장 쾌활한 동물이다."

– 프리드리히 니체 –

크게 버려야 최고의 즐거움을 누릴 수 있다.

인생의 후반부는 '채움'이 아니라 '비움'에서 완성된다. 욕망의 무게를 덜어낼수록, 마음은 가볍고 영혼은 자유로워진다. 욕심이 많을수록 인생은 즐거울 수 없다. 크게 버릴 줄 아는 사람이 최고의 즐거움을 누릴 수 있다.

진정한 즐거움은 소유가 아니라 비움에서 시작된다. 젊을 때는 더 많은 것을 쌓아야 한다고 믿지만, 인생의 깊은 시점, 나이 듦에서는 오히려 내려놓음이 새로운 출발이 된다. 비움은 포기가 아니다. 불필요한 것을 버려야 본질이 드러나고, 존재가 빛난다.

꽃은 지고 나서야 열매를 맺는다. 인생도 마찬가지다. 젊음의 열정을 버린 자만이, 성숙의 향기를 얻는다. 이제 남은 인생을 두려워하기보다는, 크게 버림으로 인생을 즐기는 사람이 되어야 한다.

모든 것을 잃었다고 느낄 때, 비로소 진짜 자유가 시작된다. 그리고 그 자유의 자리에서만 진정한 즐거움이 피어난다. 크게 버릴 줄 아는 이가 인생 고수다. 인생 고수만이 최고의 즐거움을 누릴 수 있다.

마음을 비우고, 크게 버릴 줄 아는 사람에게는 세상과 타인이 다시 찾아오고, 닫혔던 문도 다시 열린다. 가득 찬 잔에는 더 이상 물을 따를 수 없다. 하지만 텅 빈 잔에는 새로운 물을 얼마든지 따를 수 있다. 크게 버려야 하는 이유가 바로 이것이다.

크게 버릴 줄 아는 사람이 크게 얻을 수 있다.

그것이 기쁨이든, 즐거움이든, 부이든, 행복이든 성공이든 말이다. 이런 사실을 가장 정확히 이해한 사람이 손자다. 손자는 자신의 책 [손자병법]을 통해, 대여대취를 강조했다. 크게 주는 자가 크게 얻을 수 있다는 말이다.

대여대취(大予大取)의 정신은 공부를 하든, 사업을 하든, 경기를 하든, 전투를 치르든 모든 경우에 적용된다. 세상을 크게 바라보는 안목과 지혜로운 삶이 가능한 삶의 기술로 가득 찬 고전인 [손자병법]은 타의 추종을 불허하는 인간 본성에 대한 정확한 통찰이 빛나는 최고의 지략서라고 할 수 있다. 그런데 이 책의 핵심을 한 마디로 하자면, 바로 대여대취다.

왜 대여대취가 이 책의 핵심일까? 그것은 바로 인간 본성을 가장 정확하게 탐구하고 밝혀냈기 때문이다. 손자병법이 말하는 인간 본성은 바로 이익을 좋아하는 마음 즉 호리지성(好利之性)이다.

그렇다. 세상과 타인의 본성은 이익을 좋아한다는 것이다. 그렇기 때문에 세상과 타인에게서 큰 무엇을 받거나 얻고 싶다면, 먼저 큰 것을 내어놓아야 한다. 인생도 그렇다. 최고의 즐거움을 원하는가? 그렇다면, 크게 버릴 줄 알아야 한다.

크게 버릴 줄 안다는 것은 세상의 잡다한 것들에서 벗어나 자신을 지킬 줄 안다는 것을 의미한다. 대표적인 인물이 헨리 데이비드 소로라고 할 수 있다. 그는 [월든]에서 이런 말을 한 적이 있다.

"많이 가진 자가 부자가 아니라, 적은 것으로도 만족할 줄 아는 자가 진정한 부자다."

그는 숲속에서 모든 것을 내려놓고, 삶의 본질과 진짜 자아를 찾은 인물이다. 크게 버린다는 것은 자신과 세상을 버리는 일이 아니라, 자신과 세상을 진짜로 만나는 일이다. 크게 버린다는 것은 욕심과 집착을 버리는 것을 말한다. 욕심과 집착을 버릴 때, 비로소 진짜 세상을 만날 수 있고, 자아를 발견할 수 있게 된다.

내려놓음은 손해가 아니다. 특히 크게 버리는 것은 절대 손해가 아니다. 우리는 뭔가를 내려놓고, 버리는 것을 두려워한다. 손해볼까 봐, 불리해질까 봐, 뒤처질까 봐 걱정하고 벌벌 떤다. 하지만 진정한 인생 고수는 안다. 내려놓는 순간, 크게 버리는 순간이 오히려 삶이 가벼워지고, 자유로워지고, 최고의 즐거움을 누릴 수 있는 순간이라는 사실을 말이다.

최고의 즐거움을 누리고 싶다면, 크게 버려라. 그것이 인생 고수만이 실천하는 인생 병법이며, 인생 지략이다.

즐거움이 없는 인생은 개한테나 줘 버려라.

“웃음없는 하루는 낭비한 하루다.”

그렇다. 찰리 채플린의 이 말처럼, 웃지 않은 날은 무의미하며 낭비한 하루다. 즐거움이 없는 인생도 마찬가지다. 즐거움이 없는 인생은 낭비한 인생이라고 할 수 있다. 당신이 열심히 공부하고, 성공하고, 돈을 버는 모든 이유가 행복하고 즐거운 인생을 살기 위해서라고 할 수 있기 때문이다.

정작 열심히 공부하고 일해서 갑부가 되고, 성공을 이루었음에도 즐거움이 없는 인생을 살아가는 이들이 있다. ‘무슨 그런 말도 되지 않는 소리를 하냐’ 고 반문할지도 모른다. 하지만 세상에서 가장 큰 성공을 이룬 인물 중 한 명이자, 유럽을 제패한 황제 나폴레옹은 죽음을 앞두고 이런 고백을 했다.

“ 내 생애에서 행복한 날은 6일 밖에 없었다.”

그렇다. 나폴레옹조차 전쟁과 정복, 권력과 영광의 절정에서조차 진정한 행복을 느낀 날이 단 6일뿐이었다면, 우리는 인생에서 무엇이 가장 중요한가를 다시 묻어야 한다. 그토록 많은 것을 소유하고, 유럽을 정복했지만, 그는 결국 ‘즐거움’ 을 잃어버린 사람이었다.

즐거움은 인생의 부수적인 사치가 아니다. 그것은 삶을 살아가게 하는 근원적 힘이다. 사람이 즐거움과 웃음을 잃는 순간, 삶과 영혼은 메말라 버린다. 돈이 많다고 즐거운 것도 아니고, 성공했다고 행복한 것도 아니다.

즐거움은 인생의 본질을 통찰하고, 과거나 미래가 아닌, 지금 이 순간, 바로 지금, '현재'를 진정으로 살아낼 줄 아는 자에게만 허락된다. 우리는 대개 '나중에 즐기자'며 인생의 즐거움을 유예한다. 그러나 인생은 유예할 수 있는 것이 아니다. 지금 이 순간을 즐기지 못한다면, 백날을 살아도 그 삶은 하루를 즐겁게 사는 것보다 못 하다.

즐거움은 사치가 아니나, 생존과 활기찬 삶의 조건이며, 행복과 성공의 밑거름이다. 즐거움이 없는 인생은 빛을 잃은 별과 같다. 아무리 커다란 부와 성공을 이루어도, 즐거움이 없다면, 그것은 텅 빈 레인코트와 다름없다.

즐거움이 없는 인생은 숨은 쉬지만, 살아 있지 않은 삶이다. 기계처럼 일하고, 하루를 버티는 삶일 뿐이다. 즐거움이 없는 인생은 목적지를 잃은 여정이다. 아무리 빠르게 달려도, 그 끝에는 허무만 남는다.

즐거움이 없는 인생은 하늘은 있어도, 태양이 없는 것과 같다. 모든 것이 존재하지만, 그 무엇도 마음을 비추지 못한다. 그러니 인생을 진정으로 사는 일은, 즐거움을 잃지 않는 것이다. 웃을 수 있다면, 아직 희망이 있다. 즐거움을 누릴 수 있다면, 아직 살아 있는 것이다. 결국 인생의 깊이는 얼마나 오래 살았느냐가 아니라, 얼마나 즐겁게 살았느냐로 결정된다. 그러므로 즐거움이 없는 인생은 개한테나 줘 버려라.

당신은 지금 자유주의 국가에 살고 있다.

당신은 지금 자유주의 국가에 살고 있다. 그러나 정말로 자유로운가? 겉으로는 자유롭게 말하고, 자유롭게 선택하며, 자유롭게 살고 있다고 하지만 정작 마음 깊은 곳에서 묶여 있는 사람은 얼마나 많은가?

눈에 보이지 않는 쇠사슬, 그것은 타인의 시선이고, 사회의 기준이며, 무엇보다도 '남처럼 살아야 한다' 는 무의식의 명령이다. 자유주의 국가는 당신에게 권리를 주었지만, 그 권리를 쓸 수 있는 용기와 선택까지는 주지 않았다.

선택의 자유는 있지만, 선택의 두려움은 스스로

이겨내야 한다. 그래서 어떤 사람은 제도 속에서 자유를 누리고, 또 어떤 사람은 같은 제도 속에서 감옥처럼 산다. 진짜 자유란 무엇인가? 그것은 남이 아닌 나 자신으로 사는 것이다.

남이 아닌 나 자신으로 사는 사람의 공통점은 무엇일까? 그것은 나이 듦의 즐거움에 미칠 줄 안다는 것이다. 그런 사람이 남이 말하는 성공이 아니라, 자기가 정의한 성공을 향해 나아갈 줄 안다.

남이 옳다고 하는 길이 아니라, 자신이 옳다고 믿는 길을 걷는 것이다. 많은 사람은 안전을 택하며 자유를 포기하고, 자신의 인생을 낭비한다. 편안한 일상, 익숙한 관계, 안정된 자리 이런 것이 자신을 지켜준다고 생각한다. 하지만 정작 이런 것들이 당신을 구속하게 되고, 그 안에서 점점 자신을 잃어버린다.

자유롭게 살기 위해서는 진짜 용기가 필요하다.

세상의 기준과 싸워야 하고, 사람들의 비난을 감수해야 하며, 때로는 혼자가 되는 외로움도 견뎌야 한다. 그러나 그 모든 대가를 치른 뒤에야 비로소 진짜 자유가 찾아온다. 세상에 공짜는 없다. 가치 있는 것에는 반드시 대가가 따른다.

민주주의 사상에 가장 큰 영향을 준 철학자 장 자크 루소는 말했다.

"인간은 자유롭게 태어났지만, 어디에서나 쇠사슬에 묶여 있다. 그리고 그 쇠사슬은 우리 스스로 만든 것이다."

이 말은 오늘의 우리에게도 그대로 적용된다. 우리는 자유주의 사회에 살고 있지만, 그 자유를 스스로 포기한 채 살아가는 경우가 많다. 우리를 묶고 있는 쇠사슬을 스스로 만들었기 때문이다. 그 쇠사슬은 타인의 기대, 부모의 시선, 조직의 규율, 사회의 통념, 부와 성공에 대한 욕망, 사회적 지위, 욕심과 집착, 허영과 명예욕 등 그 어떤 것도 될 수 있다.

우리는 스스로 만든 쇠사슬에 묶인 채, 더 큰 쇠사슬을 만들기 위해 자신의 영혼을 조금씩 팔아넘기며 살아가고 있다. 진짜 자유는 그 어떤 국가도, 제도도, 세상도 당신에게 그저 만들어 주지 않는다. 진짜 자유는 당신의 내면에서 만들어야 한다.

장 자크 루소는 자유라는 개념을 이렇게 정의했다. "진정한 자유란 하고 싶은 것을 하는 것이 아니라, 자신이 만든 법에 의해 스스로를 다스리는 상태" 라고 했다. 자신이 만든 법에 의해 스스로를 다스리기 위해서는 가장 먼저 스스로 법을 만들어야 한다. 그렇기 때문에 진정한 자유는 생각의 독립에서 시작된다.

다수가 말하는 정답을 의심할 줄 알고, 스스로 생각하며, 스스로 결정하는 순간, 스스로를 다

스릴 수 있는 상태가 될 수 있고, 비로소 당신은 자유인이 된다. 자유롭게 산다는 것은 무질서하게 산다는 뜻이 아니다. 오히려 자유인은 스스로의 법과 원칙을 세우고, 그 원칙 안에서 가장 강력한 자유를 누리는 사람이다.

남이 만들어 준 규칙에 순종하는 대신, 자신이 만든 규율 속에서 살아간다. 그것이 '자기 통제의 자유'이며, 진짜 어른의 자유다. 당신은 지금 자유주의 국가에 살고 있다. 그 말은 '무엇이든 할 수 있다'라는 뜻이 아니라, '세상과 타인이 만들어 놓은 기준과 규율'에 맞추어 살아가야 한다는 말은 더욱 아니다. 하지만 공산주의 국가에서 태어났다면 우리는 그 어떤 자유도 누릴 수 없었을 것이다. 이것만 생각해도 감사가 절로 나오지 않는가?

기억하자. 자유주의 국가는 '틀'을 열어주었다. 이제 남은 일은 당신이 '두려움의 문'을 여는 것이다. 남의 기준에서 벗어나, 자신의 삶을 스스로 정의하라. 그 순간 당신은 제도 속의 국민이 아니라, 진짜 자유인으로 깨어날 수 있다.

결국, 자유는 국가가 주는 선물이 아니라 당신이 스스로 쟁취해야 할 내면의 상태다. 자유주의 국가에 사는 사람은 많지만, 진정으로 자유롭게 사는 사람은 드물다. 진짜 자유는 '남이 뭐라 하든, 나는 나 자신으로 산다'라는 결심에서 시작된다. 그리고 그 결심이 바로, 당신의 인생을 바꾸는 첫걸음이다.

인생지락! 최고의 인생은 유희적 인생이다.

삶의 본질은 '진지함'이 아니라 '유희(遊戲)'다. 우리가 매일 열심히 출근해서 일하는 것도, 배우는 것도, 사랑하는 것도 결국은 '즐거운 놀이', 즉 유희가 될 때 비로소 의미와 가치가 만들어지고, 그 덕분에 온전히 완전해진다.

문화사학자 요한 하위징아는 인간을 "놀이하는 존재(Homo Ludens)"라 불렀다. 인류의 모든 문화가 놀이에서 태어나 자라났다고 생각하기 때문이다. 즉 그의 주장은 생각하는 인간인 호모 사피엔스와 공작하는 인간인 호모 파베

르를 아우르는 더 높은 개념이 놀이하는 인간, 즉 호모 루덴스다. 그는 진정한 창조와 사유는 놀이하는 정신에서 나온다고 보았다.

그렇다. "인생은 진지한 놀이다" . 노는 자만이 세상을 새롭게 본다. 노는 자만이 인생의 무게를 견딜 수 있다. 노는 자만이 나이 듦의 즐거움에 온전히 미칠 수 있다. 노는 자만이 인생을 완성할 수 있다. 노는 자만이 건강한 나이 듦이 가능하다. 노는 자만이 인생 고수로 도약할 수 있다.

시대가 바뀌면 편견과 고정관념도 바뀐다. 과거에는 조조에 대해서 나쁘게 평가했지만, 언제부터인가 조조에 대해서 좋은 평가도 많이 나오기 시작했다. 마찬가지로 노는 인간에 대해서도 그렇다. 과거에는 일만 하는 호모 파베르와 같은 개미에 대해서 좋은 평가만 하고, 놀기만 하는 호모 루덴스인 베짱이에 대해서는 게으르고, 나중에 굶주림과 추위에 떨어야 하기 때문에 미련하고 어리석은 존재로 나쁘게 평가했다.

하지만 시대가 바뀌었다. 시대가 바뀌면서, 평가도 바뀌고 있다. 뼈 빠지게 회사에서 일만 하는 호모 파베르는 굶어 죽지 않을 정도로만 생존이 가능한 사회 중산층 이하의 계층을 이루지만, 놀이하는 인간, 놀고 먹는 인간 호모 루덴스는 다양한 콘텐츠를 양산하면서, 소비자가 아닌 생산자의 위치에 올라서면서, 엄청난 부와 성공을 이루게 되는 시대가 되었다.

유희적 인간이 가장 창조적이고 생산적이다. 이 사실에 우리는 주목해야 한다. 유희적 인간이 가장 생산적이기 때문에, 뭔가를 새로운 콘텐츠를 자꾸 만들어내는 그 과정이 즐겁고 행복할 수밖에 없고, 그 과정도 즐거움이며, 그 결과도 부와 성공을 끌어들이고 있다.

보시라, 일만 하는 직장인보다 노래나 부르며 유희적 삶을 살았던 가수들이 엄청난 성공과 부를 이룬 것을 말이다. 이런 격차는 똑같은 직장생활을 하는 동료들 사이에서도 발생한다.

일만 하느라 제대로 놀 줄 모르는 한국의 중장년들이 가장 큰 문제다. 왜일까? 잘 노는 것보다 더 큰 경쟁력이 없기 때문이다. 같은 일을 해도 즐겁게 하는 사람의 생산성이 더 높고 효율적이다.

유희적 인생이란 무책임하거나 가벼운 삶이 아니다. 그것은 오히려 가장 깊이 있는 삶의 태도이다. 삶의 무게를 두려워하지 않고, 그 무게 속에서도 웃을 수 있는 사람. 그가 바로 인생의 달인이며, 인생 고수며, 나이 듦조차도 즐길 줄 아는 사람이다.

일을 놀이처럼, 배움을 여행처럼, 실패를 게임처럼 대하라. 그때 비로소 인생은 당신에게 미소로 답한다. 인생은 유쾌한 유희다. 인생지락(人生之樂) 인생 최고의 즐거움을 누릴 줄 아는 사람, 그게 바로 최고의 인생 경지에 도달한 인생 고수의 모습이다.

독일 철학자 프리드리히 실러(Friedrich Schiller)는 『인간의 미적 교육에 관한 서한(Über die ästhetische Erziehung des Menschen, 1795)』에서 이렇게 말했다.

"인간은 오직 놀이할 때만 완전한 인간이다."

왜 인간은 오직 놀이할 때만 완전해질까? 진정한 놀이는 몰입과 집중, 창조를 동반하기 때문이다. 인간은 몰입하는 순간, 최고의 경지에 도달하기 때문이다. 어린이가 놀이터에서 시간 가는 줄 모르고 놀이하듯, 예술가가 시공간을 뛰어넘어 온전히 그림과 하나가 되어, 그림을 그리듯, 철학자가 무아지경 상태에서 사유하듯 모두가 '유희의 정신' 안에서 완전한 몰입을 경험한다.

그렇다. 놀 줄 아는 자가 최고가 되는 법이다. 최고가 되는 자만이 세상을 지배하고 이끌 수 있다. 인류에게 스마트폰 혁명의 시대를 안겨준 스티브 잡스도, 아이폰을 유희적 존재로 생각하여, 인문학적 발명품을 창조할 수 있었던 것이다.

노는 자는 삶을 두려워하지 않고, 실패조차 놀이의 일부로 받아들인다. 그래서 노는 자는 무너지지 않는다. 그는 '다시 시작하는 법'을 알고 있을 뿐만 아니라, 실패하는 것과 다시 시작 하는 것 모두 유희로 여기기 때문이다. 자신이 설립한 회사에서 쫓겨난 스티브 잡스 역시 실패를 하나의 유희로 여겼고, 마치 게임하듯 다시 자신이 설립하고 쫓겨난 회사를 다시 정복하며, 새로운 신화를 창조했다.

인류 최고의 업적 중 하나를 창조한 스티브 잡스는 진정한 유희적 인간이며, 창조자이며, 인생 고수였다.

당신은 지금 최고의 인생 절정기를 살고 있다.

‘불행하다고 느끼는 사람이 있다면, 이는 그 자신의 잘못이다. 신은 모든 인간을 행복하도록 만들었기 때문이다.’ _ 에픽테토스

과거는 이미 지나갔고, 미래는 아직 오지 않았다. 인생의 절정은 나이가 아니라 당신의 생각으로 결정된다. 지금 이 순간을 어떻게 바라보고, 어떻게 살아내느냐가 곧 절정의 기준이다. 그러므로 지금 이 순간을 느끼고 살아내는 자만이 인생의 정상에 선 자이다.

인생 절정기는 몸이 강할 때가 아니라, 정신이 강할 때이다. 세월이 흐를수록 인생의 표면은 시들지만, 내면은 더 단단해지고 강해진다. 세상의 모든 풍파를 겪고 이겨내었기 때문이다. 그때부터 인간은 비로소 자신을 초월하기 시작한다.

노예의 신분으로 태어난 철학자 에픽테토스는 행복과 성공, 자유와 번영을 외부에서 찾지 않았다. 그는 다음과 같은 말을 남겼다.

"불행은 사물에서 오는 것이 아니라, 그것을 바라보는 우리의 생각에서 온다."

행복도 불행도 사물이나 사건에서 오는 것이 아닌, 우리의 생각에서 나온다. 뿐만 아니라 우리 인생의 절정기도 마찬가지다. 나이나 세상이 아니라, 생각을 통해 우리는 인생의 절정기를 지금 이 순간 살아낼 수 있다.

인생의 절정은 상황이 아니라 생각의 힘에서 비롯된다. 그러므로 이렇게 생각하라. 우리 인생의 절정은 내일이 아니라 오늘이다. 인생의 절정은 미래에 오는 것이 아니라, 절정은 지금 이 순간이다.

지금 이 순간, 눈을 뜨고 심호흡하며, 세상을 바라보는 이 시간이 바로 당신의 인생 절정기이다. 우리는 늘 내일을 꿈꾸며 오늘을 잃는다. 그러나 내일은 결코 오지 않는다. 오늘만이 유일한 시간이다. 오늘만이 우리가 진정 살아낼 수 있는 유일무이한 시간이다.

오늘 하루를 진심으로 뜨겁게 살고 있다면, 그 하루는 이미 절정기인 셈이다. 절정의 인생은 화려한 성공이 아니라 매 순간을 온전히 살아내는 능력이다. 그것이 진짜 행복이며, 그것이 인생의 완성이다.

절정은 외부의 성취가 아니라 내면의 최상의 상태다. 많은 이들이 인생의 절정기를 외부의 조건에서 찾으려고 한다. 세상과 타인의 기준에서 말이다. 즉 부, 성공, 명예, 인기, 권력과 같은 것 말이다. 그러나 그것들은 모두 바람 앞의 촛불처럼 꺼져간다.

진짜 인생 절정기는 세상과 타인에서 나오는 것이 아니라, 우리 내면에서 나온다. 이렇게 하기 위해서는 당신이 자신을 온전히 받아들이고, 지금 이 순간의 삶을 사랑할 수 있어야 한다. 바로 이 때가 인생의 절정기가 되기 때문이다.

산의 정상은 찰나지만, 오르는 길 전체가 곧 정상으로 가는 길이며, 심지어는 내려가는 길 조차도 성공적인 등산을 위한 절정의 순간인 것이다. 인생도 마찬가지다. 지금 걷고 있는 그 길이 바로 절정의 길이다. 그러니 멈추지 말고, 계속 걸어라. 그 길 위에 절정이 있다.

인생 최고의 절정기를 살아가는 사람은 매 순간 자신을 창조한다. 절정의 사람은 기다리지 않는다. 그는 매 순간 새로움을 만든다. 그는 순간마다 자신을 새롭게 창조한다. 에픽테토스는 말했다.

"우리의 인생은 우리가 만드는 생각의 작품이다."

그렇다. 그의 말처럼, 우리의 인생은 생각이 빚는 조각이다. 오늘을 인생의 절정기로 만들 것인지, 무의미한 하루로 만들 것인지는 우리의 생각이 결정한다. 그렇다면 하루하루를 모두 인생의 절정기로 만드는 사람과 하루하루를 모두 무의미한 인생의 침체기로 만드는 사람 중에 누가 더 인생이 빛날 것 같은가? 답은 자명하다.

바로 이런 이유에서, 생각이 바뀌면 운명이 바뀌고, 운명이 바뀌면 인생이 바뀐다고 말하는 것이다. 당신이 지금 절정기를 만들어 낼 수 있는 이유는, 당신 안에 생각을 통한 창조의 힘이 있기 때문이다.

당신이 생각하는 순간, 당신의 인생을 다시 쓸 수 있다. 당신의 인생을 다시 쓸 수 있는 유일한 존재는 바로 당신이다. 당신이 생각하고 믿고 행동하는 순간, 인생은 새로 창조된다. 인생의 절정기를 살아낼 줄 아는 인생 고수는 생각의 고수이기도 하다.

지금 이 순간을 인생의 최고 절정기로 살아낼 줄 아는 인생 고수가 가진 특징 중의 하나는 감사다. 왜냐하면 감사하지 못하는 사람은 결코 절정에 설 수 없기 때문이다. 그 이유는 무엇일까? 감사는 인생을 변화시키는 가장 단순하고도 위대한 힘이다. 감사는 결핍을 풍요로, 상처를 성장으로, 실패를 성공으로 바꾸기 때문이다.

감사하는 자만이 인생 최고의 절정기를 지금 이

순간 살아낼 수 있다. 왜냐하면 그는 부족함 속에서도 풍요를 보기 때문이다. 오늘 하루 평범한 하루 일상을 감사하고, 하루를 무탈하게 보낸 자신에게 감사하라. 당신을 지켜준 신에게 감사하고, 지금 이 순간, 감사할 수 있음에 대해서도 감사하라.

감사로 충만한 순간 당신은 이미 인생의 절정기 위에 서 있게 된다. 인생 최고의 절정기는 완성된 상태가 아니라 진행해 나가고 있는 과정이다. 인생 최고의 절정기는 고정된 위치가 아니다. 인생 최고의 절정기는 정적이 아니라 동적이다. 그것은 완성된 결과가 아니라, 끊임없이 자신을 넘어서는 과정이다.

진정한 인생의 절정기란 끝없이 깨어나고, 끝없이 새로워지는 삶의 순간이다. 시련이 찾아올 때, 그것은 절정으로 가는 신호다. 고통은 인생이 우리를 깨우는 방식이다. 그러니 두려워하지 마라. 지금의 시련과 역경, 아픔과 고통 속에서도 최고의 인생 절정기를 만들 수 있다.

당신이 살아온 길의 모든 눈물과 웃음, 실패와 성공, 고통과 성장, 상처와 아픔, 그 모든 것이 지금의 당신을 만들었다. 그 모든 시간은 헛되지 않았음을 알아야 한다. 지금의 당신은 인생 전체의 결실이다.

당신은 지금 최고의 인생 절정기를 살고 있다. 당신이 지금 이 순간을 인정하고 받아들이는 그 순간, 당신은 이미 인생의 정상에 서 있다. 생각해보라. 지금 당신이 숨 쉬고 있다는 것, 그 자체가 이미 기적이다.

부와 성공, 행복과 즐거움은 먼 곳에 있지 않다. 그것은 늘 당신의 생각과 의식 안에 있다. 그러므로 지금 이 순간을 살아라. 지금 이 순간을 사랑하라. 지금 이 순간을 감사하라. 그 순간 당신은 이미 인생의 절정에 서 있다. 당신은 지금 최고의 인생 절정기를 살고 있다. 그것은 미래의 일이 아니라, 지금의 사실이다.

당신이 그것을 믿는 순간, 인생은 다시 피어난다. 오늘이 당신의 절정이고, 지금이 당신의 전성기다. 그리고 그 사실을 깨닫는 순간, 당신은 이미 완성된 사람이다. 나이 듦의 즐거움에 미칠 줄 아는 사람들은 모두 인생 고수며, 인생 최고의 절정기를 살아가는 사람이다.

즐기는 것이 자기실현의 지름길이다.

일본에서 뇌과학에 대해 매주 NHK에 나와서 강의 했던 모기 겐이치로는 자신의 저서인 [브레인 콘서트]라는 책을 통해 인생을 즐기는 것이 자기실현의 지름길이라고 주장한 적이 있다. 뇌과학적인 측면에서 볼 때 우리의 뇌는 즐길 때 가장 창조적이고 유연해지기 때문이다.

" 인간의 뇌는 기본적으로 쾌락의 원리를 따른다. 즐거운 것, 기쁜 것이 있을 때 그 결과에 이르는 행동의 회로가 강화된다. 물론 쾌락에는 다양한 것이 있다. 수학자처럼 풀리지 않는 문제를 몇 년 동안 생각하면서 쾌락을 느끼는 사람도 있다. 지금까지 인류가 본 적이 없는 세밀한 세계를 관찰하면서 최고의 기쁨을 느끼는 사람도 있다. 또는 우주에 대해 생각할 때 즐겁다고 말하는 사람도 있다. 그와 같은 고도의 쾌락 문화가 캘리포니아의 낙천주의와 멋지게 결합해서 캘리포니아 공과대학이 만들어진 것이다." < 모기 겐이치로, [브레인 콘서트], 215쪽 >

학부 학생이 학년별로 2천 명밖에 안 되는 규모도 매우 작은 캘리포니아 공과대학은 한 마디로 탁월함의 상징이다.

이미 노벨 수상자가 30명이나 배출된 경이로운 학교이기 때문이다. 이런 학교에 방문하게 된 모기 겐이치로는 이 학교 학생들이 숨을 죽이고 열심히 공부하는 모습 대신에 다양한 색깔의 꽃들이 피어 있고 그 사이로 사람들이 여유롭게 지나다니며 즐겁게 생활하는 모습을 보고 충격을 받았다.

즐거움은 단순한 감정이 아니다. 그것은 두뇌를 각성시키고 창의성을 폭발시키는 에너지의 근원이다. 억지로 하는 공부나 일에서는 결코 이런 뇌의 잠재력이 열리지 않는다. 결국 즐거움은 자기실현으로 가는 가장 짧은 길이며, 그 길 위에서 인간은 비로소 자신이 가진 가능성을 완전하게 꽃피울 수 있다.

우리는 '즐거움'을 느낄 때 비로소 깨어난다. 즉 즐거움이 생기면, 뇌 속에서는 도파민(dopamine)이라는 신경전달물질이 분비된다.

도파민은 뇌의 '동기 회로'를 자극하여 집중력과 몰입력, 창조력을 폭발적으로 높인다. 그래서 어떤 일을 즐기면, 피곤하지 않다. 오히려 에너지가 솟는다. 반대로 즐거움이 없이, 억지로 하는 일은 뇌의 방어기제를 활성화해 창의력을 억누른다. 의무감, 두려움, 피로감은 뇌를 닫히게 만든다.

즐거움은 우리 뇌의 모든 가능성의 문을 연다고 할 수 있다. 전전두엽이 활발히 작동하면서 사고가 확장되고, 해마가 열리며 기억력이 강화된다. 즉, 즐거움은 뇌를 '활성화' 시키는 가장 자연스러운 방법이다.

한 번 즐거움을 느끼며 성취한 경험은 뇌 안에 보상 회로를 만든다. 이것이 반복되면 인간은 스스로 더 큰 즐거움을 찾아 나서고, 그 과정에서 능력과 경험을 확장해 나간다. 이것이 바로 자기실현의 뇌 과학적 구조이다.

스티브 잡스는 생전에 "나는 단 한 번도 일을 한다고 생각한 적이 없다"고 말했다. 그에게는 모든 일이 놀이이자 창조였다. 그 즐거움이 바로 아이폰, 맥북, 픽사 애니메이션으로 이어졌다. 그가 만들어낸 세계는 뇌의 쾌락 회로가 만들어낸 창조의 결정체였다.

물리학자 리처드 파인만 또한 마찬가지다. 그는 '물리학은 재미있는 장난감' 이라고 했다. 그의 즐거운 실험정신은 양자전기역학의 새로운 장을 열었다. 그는 웃으며 말했다.

"나는 그저 놀았을 뿐인데, 그게 노벨상을 줬다."

이처럼 즐거움은 창조의 출발점이다. 억지로 하는 공부와 노동에서는 위대한 발명도, 새로운 사상도 나오지 않는다. 인류를 진보시킨 모든 순간의 배경에는 '즐거움의 불꽃' 이 있었다. 결국, 즐기는 자가 세상을 움직이고, 자기 실현을 하게 된다.

즐거움이 깊어지면 '몰입' 이 시작된다. 시간 감각이 사라지고, 오직 하나에 완전히 빠져드는 상태가 바로 몰입의 상태다. 심리학자 칙센트미

하이는 이를 'Flow' 라 불렀다. 몰입의 순간, 인간의 뇌는 최고의 효율로 작동한다.

모든 불안과 잡음이 사라지고, 자아는 사라지며 행위만 남는다. 이것이 바로 자기실현의 핵심이다. 결국 인생이란, 억지로 참고 견디는 여정이 아니라 즐기며 자신을 실현해 가는 여정이다. 즐거움은 사치가 아니다. 그것은 인간이 위대해지는 가장 본질적인 방식이다.

“ 행복을 추구하는 사람이 반드시 행복한 건 아니고, 정작 물질에 목을 매는 사람은 큰 부를 쌓지 못한다. 날마다 이윤만 외치는 기업가는 오히려 비즈니스를 사랑하는 기업가보다 이윤을 적게 거둔다.” < 존 케이, [우회 전략의 힘], 177쪽 >

제4장. 인생 고수의 처세술 _ 직선이 아니라 곡선이다.

“ 먼저 가려면 돌아서 가라. 가장 큰 부자는 돈에 안달하지 않으며, 가장 수익률이 높은 기업은 이윤추구에 열을 내지 않는다. 또한 행복한 사람은 종종 고통을 자초한다. 이것이 바로 우회전략이다.” < 존 케이, [우회전략의 힘] 표지에서 >

타인의 시선에서 벗어나야 즐겁다.

당신이 지금 사는 것이 즐겁지 않다면, 그것은 타인의 시선을 너무 의식하기 때문일지도 모른다. 당신은 왜 타인의 시선을 그렇게 의식하면서 살고 있는가? 그것은 행복한 삶의 길이 아니다.

당신을 가장 불행하게 만드는 것은 타인과 당신을 비교하려고 하는 바로 당신 자신이다. 세상에서 가장 행복한 사람은 타인과 자신을 비교하지 않고, 자신의 길을 당당하게 살아가는 소신이 있는 사람이다.

지금, 이 순간, 당신의 삶이 큰 고통이나 아픔이 없는데도 즐겁지 않다면, 순전히 그것은 당신의 마음 때문이다. 세상과 타인에 대한 집착과 욕심이라는 마음 말이다. 집착과 욕심을 버리고, 세상과 타인에 대한 미련과 후회와 원망과 증오를 끊어내 버린다면, 지금 즉시 당신은 즐거움과 기쁨을 만날 수 있게 된다.

그것이 바로 필자가 10년 전에 집필한 [단사리 마음 혁명]에 대한 책 내용이다. 이미 절판이 되어 독자들은 더 이상 구매하거나 읽을 수 없는 책이다. 그래서 책 내용을 간단히 한 페이지로 요약을 하자면 이렇다.

“ 우리가 마음속에 꿈틀거리는 모든 집착과 중독을 끊고(斷, 끊을 단), 존재로서의 삶을 발견하고, 모든 욕심과 욕망과 시기와 질투와 같은 부정적인 감정들을 버리고(捨, 버릴 사), 거짓된 삶과 성공과 부의 망상으로부터 떠날 수 있다면(離, 떠날 리), 우리는 반드시 행복한 삶을

살아갈 수 있을 것이다. “

” 아이들이 순간순간을 즐겁고 행복하게 보낼 수 있는 것은 마음속에 그 어떤 잡동사니도 쌓아 놓고 있지 않기 때문이다. 그들의 마음속은 마치 저 푸른 하늘처럼, 시냇물처럼 어떤 티끌도 없이 순수하고 맑기만 하다. 기쁘고 즐거운 일을 만나면 그 일에 온 마음을 쉽게 물들이고 만다. 하지만 어른들은 이미 마음에 온갖 상처와 아픔과 분노와 스트레스와 짜증과 증오가 가득 차 있으므로, 순간순간의 기쁨과 즐거움이 마음속에 들어올 공간이 없다. 그래서 행복한 순간에도 행복을 누릴 수 없다. “

“가장 아름다운 인생은 물처럼 사는 것이다.”

물처럼 산다는 것은 세상의 모든 물이 아래로 흘러가는 것처럼 그렇게 해서 결국은 큰 바다를 이루듯, 언제나 자신을 낮추고, 남보다 아래에 있으려 하고, 자신의 재주나 능력을 뽐내지 않으며 사는 것을 말한다. 물처럼 산다는 것은 방해물이 있을 때는 우회해 돌아가듯, 너무 빨리, 그리고 너무 쉽게 무엇인가를 이루려 하기보다는 때로는 천천히 하지만 절대 멈추지 않고 나아가면서 살아간다는 것을 의미한다.

그렇다. 세상에서 가장 행복한 사람은 물처럼, 나무처럼 살아가는 사람이다. 우리는 타인과 비교하고, 타인과 경쟁하고, 타인의 시선에서 벗어나지 못하기 때문에 즐겁게 살아가지 못하는 것이다. 오늘 당장 이런 구속과 속박과 굴레에서 벗어나는 길은 마음의 욕심과 집착, 상처와 아픔, 분노와 원망, 스트레스와 짜증, 비교 의식과 경쟁의식 등과 같은 마음의 잡동사니를 모두 끊고, 버리고, 떠나는 것이다.

처음부터 스키를 잘 타는 사람은 없는 것처럼, 이것도 배우고 연습하고 훈련해야 한다. 그렇게 하다 보면, 처음에는 스키처럼 넘어지지 않는 것도 힘들겠지만, 계속하다 보면, 초급자가 중급자가 되고, 중급자가 상급자가 되는 것이다. 이런 지난한 과정 없이 상급자가 되는 사람은 세상에 없다.

이런 과정을 통해 비로소 스키 고수가 되어, 스키를 타고 산 정상에서 한 번도 넘어지거나 다치지 않고, 스키를 즐기며, 활강하게 되는 것이다. '단사리 마음 혁명' 도 마찬가지다. 처음에는 스키처럼 넘어지고 1미터도 제대로 활강할 수 없다. 하지만 넘어지고 또 넘어지다보면, 어느새 중급자가 되어있고, 상급자가 되어있는 것이다. 인생도 그렇고, 단사리 마음혁명도 그렇고, 나이 듦의 즐거움에 미치는 것도 그렇고, 인생 고수가 되는 길도 마찬가지다.

[단사리 마음 혁명]은 주어진 인생을 좀 더 즐겁고 행복하게 살아가는 마음 정리법에 대한 책이었다. 이 책을 한 문장으로 요약하자면 이렇다.

“ 마음속에 꿈틀거리는 모든 집착과 중독을 끊고(斷, 끊을 단), 모든 욕심과 욕망과 시기와 질투와 같은 부정적인 감정들을 버리고(捨, 버릴 사), 거짓된 삶과 성공과 부의 망상으로부터 떠날 수 있다면(離, 떠날 리), 우리는 반드시 행복한 삶을 살아갈 수 있다.”

인생이 힘겹고, 낯설고, 문득 싫어질 때, 삶의 진정한 변화를 시도할 때 가장 먼저 해야 할 일은 마음을 바꾸는 것이다. 가난한, 불행한, 실패한 누군가도 열정이 없지는 않다. 그들도 나름의 재능을 지녔다. 문제는 생각과 마음이다. 부요해지고, 행복해지고, 성공하려면 마음을 혁명해야 한다.

삶을 변화시키는 가장 강력한 힘은 마음이고, 그 마음을 바꾸면 그 누구라도 부요하고 행복하고 성공하는 삶을 살 수 있다. 나이 듦을 즐거움으로 바꾸기 위해서도 타인의 시선을 끊어 버리고, 욕심과 집착, 시기와 질투를 버려야 한다.

그것이 즐겁게 나이 드는 방법이다.

비교하지 않아야 즐겁다.

과거보다 우리는 비교할 수 없을 만큼 풍요로운 시대를 살아가고 있다. 중세 시대에 왕도 누리지 못했던 것들을 우리는 너무나 쉽게 누리면서 살아가고 있다. 그러므로 지금, 이 순간, 타인과 자신을 비교하면서 인생을 낭비하지 말고, 오롯이 자신의 삶을 누려야 한다. 그것이 당신이 나이 듦과 인생을 즐길 수 있는 유일한 방법이기 때문이다.

다시 생각해보자. 우리는 지금, 역사상 가장 풍요로운 시대를 살아가고 있다. 과거의 어느 시대와도 비교할 수 없을 만큼 풍요롭다. 심지어 중세 시대 왕조차 누리지 못했던 것들을 우리는 매일 같이 너무나 당연하게 누리고 있다. 그럼에도 불구하고 많은 사람들이 타인과 자신을 끊임없이 비교하며 살아간다.

이런 비교는 삶을 낭비하는 가장 어리석은 방식이다. 남과 비교하는 순간, 우리는 자신의 삶을 온전히 살 수 없게 된다. 그러므로 지금, 이 순간부터라도 타인과의 비교를 내려놓고 오직 자신의 삶에 집중해야 한다. 지금 누리는 삶을 있는 그대로 받아들이고 감사하며 살아갈 때, 비로소 우리는 인생을 즐길 수 있다.

그것이 바로 나이 들어도 즐겁게 살 수 있는 유일하고도 확실한 방법이다. 하지만 우리는 하루에도 수십 번, 아니 어쩌면 수백 번씩 자신과 타인을 비교하며 살아간다. SNS를 열면 친구의 여행 사진이 보이고, 동료의 승진 소식이 들리고, 유명인의 화려한 일상이 눈앞을 스친다.

그 순간 우리의 마음속에는 '나도 저만큼은 돼야 하는데'라는 생각과 비교 의식이 무의식적으로 자라난다. 그리고 그렇게 시작된 비교는 만족과 평안과 기쁨과 즐거움을 앗아가고, 감사의 마음을 사라지게 만들며, 결국 자존감마저 무너뜨린다.

그러나 냉정하게 돌아보면, 비교란 애초에 공정한 기준이 없는 게임이다. 각자가 다른 삶을 살아왔고, 다른 환경에서 자라났으며, 다른 목표와 욕망을 품고 있기 때문이다. 부자와 비교하면 가난해 보이고, 건강한 사람과 비교하면 병든 것 같고, 젊은 사람과 비교하면 늙어 보인다. 하지만 모든 비교는 그 자체로 왜곡이며 환상이다.

중요한 건 그 사람이 가진 것이 아니라 내가 지금, 이 순간 무엇을 느끼며, 어떤 삶을 살고 있는가이다. 비교는 외부를 기준으로 나를 판단하게 만든다. 그러나 인생의 기준은 외부가 아니라 내부에 있어야 한다.

남이 가진 것으로 나를 평가하는 순간, 내 삶의 주도권은 남의 손으로 넘어간다. 그때부터 우리는 타인의 기준에 맞춰 살아가게 되고, 진정한 기쁨과 자유는 멀어지기 시작한다. 과거를 돌아보면 우리는 상상도 못 할 만큼 풍요로운 시대를 살고 있다.

중세 시대의 왕도 먹지 못했던 음식들을 우리는 마트에서 쉽게 사 먹는다. 왕도 누리지 못한 온수 샤워, 에어컨, 의료 서비스, 인터넷, 스마트폰, 자동차를 우리는 일상처럼 사용한다. 그런데도 사람들은 여전히 자신이 부족하다고 느끼며, 타인의 삶을 부러워한다.

왜일까?

그 이유는 비교가 습관이 되었기 때문이다. 무언가를 가졌을 때 느껴야 할 감사와 만족이 다른 누군가의 '더 나은' 무언가를 본 순간 사라져 버리기 때문이다.

삶은 본래 비교의 대상이 아니다.

산은 산대로 아름답고, 바다는 바다대로 웅장하다. 장미는 장미로서, 민들레는 민들레로서의 가치가 있고, 들꽃은 들꽃 나름의 가치와 아름다움이 있다. 비교하는 순간 우리는 장미가 아닌 민들레를 부끄러워하게 되고, 바다가 산을 질투하게 된다.

자신의 삶을 사랑하고, 자신의 삶을 즐기고, 나이 듦의 기쁨을 만끽하려면 가장 먼저 해야 할 일은 비교의 늪에서 빠져나와야 한다. 비교를 멈추는 순간, 비로소 우리는 지금, 이 순간의 소중함을 온전히 느낄 수 있다.

지금 내가 가진 것, 지금 내가 누리는 것, 지금 내가 살아 있다는 사실만으로도 당신을 행복하게 해줄 기쁨과 즐거움은 이미 충분하기 때문이다. 비교라는 괴물 때문에 우리는 우리 자신의 행복과 즐거움을 제대로 마주할 수 없었다.

비교라는 괴물은 항상 부족함을 전제로 하고, 당신을 불행과 슬픔, 불평과 상처라는 동굴로 몰아간다. 그러나 삶의 본질은 비교가 아닌, 누림이다. 당신이 가진 시간, 당신이 가진 건강, 당신이 가진 시간, 당신이 가진 열정, 당신이 가진 가족, 당신이 가진 친구, 당신이 가진 에너지를 누리는 것이 삶이다.

우리 안에는 이미 모든 가능성과 잠재력이 내재 돼 있다. 남과의 비교보다 중요한 것은, 내가 어제보다 조금 더 나아졌는가이다. 누군가는 빠르게 달리지만 금방 지친다. 누군가는 느리지만 멈추지 않는다. 누군가는 1,000억 부자가 되었고, 누군가는 엄청난 성공을 이루었다. 하지만 이런 사실이 당신을 불행하게 하고, 우울하게 하는 것은 비교라는 괴물 때문이다. 비교라는 괴물을 쫓아내 버리면, 비로소 당신은 세상과 타인에 의한 수동적인 불행이 아닌, 스스로에 의한 적극적인 행복을 경험하게 된다. 후자가 진짜다.

인생은 속도보다 방향이 중요하고, 경쟁보다 지속이 중요하다. 그래서 비교를 멈춘 사람만이 진짜 자기 인생을 완주할 수 있다. 비교를 멈춘 사람만이 진짜 행복하고 즐거운 삶을 누릴 수 있고, 살아갈 수 있다.

행복한 사람의 특징은 그들이 '많이 가진' 사람이 아니라 '비교하지 않는' 사람이라는 점이다. 비교가 없으면 마음이 편하고, 편안한 마음은 만족을 낳고, 만족은 기쁨과 즐거움을 만든다. 이처럼 기쁨은 세상과 타인의 비교, 즉 외부가 아닌 만족할 줄 아는 마음, 즉 내부로부터 시작된다.

우리는 더 이상 타인의 삶을 부러워할 필요가 없다. 그들이 가진 무언가도 결국은 그들 삶의 일부일 뿐, 나의 것이 아니기 때문이다. 내가 원하는 삶은 내가 만들고, 내가 선택한 방식으로 살아가야 한다. 그 삶에 집중하고 몰입할 때, 진정한 자유와 즐거움이 따라온다.

비교에서 벗어나면 우리는 경쟁에서 벗어나고 경쟁에서 벗어나면 삶은 놀이가 되고, 인생은 축제가 된다. 삶은 비교의 대상이 아니라 향유의 대상이다. 있는 그대로를 즐기고, 느끼고, 감사할 줄 아는 사람만이 나이 들어도, 상황이 달라져도, 여전히 삶을 즐길 수 있다. 결국 비교를 멈추는 순간, 진짜 인생이 시작된다.

그 시작점에 선 당신은 이미 충분히 인생을 즐길 수 있는 인생 고수가 될 자격이 있다. 그러므로 이제 나이 듦의 즐거움에 미칠 수 있는 자격이 주어진 것과 다름없다. 그러므로 즐기고 누려라. 인생은 향유하는 것이지, 경쟁하고 비교하는 것이 아니다.

자기 삶의 주인이 되어야 즐겁다.

필자가 살아보니, 한 가지 사실을 조금은 깨닫게 되었다. 그 사실은 바로 '주인의식이 삶의 기쁨을 만든다.' 라는 사실이다. 왜 그럴까? 주인으로 사는 것과 노예처럼 사는 것은 삶의 질과 행복과 성공에 큰 차이를 만들기 때문이다.

이 세상에 사람은 많다. 하지만 사람은 크게 두 부류로 나눌 수 있다. 자신의 삶을 스스로 선택하고 결정하며 주인으로 사는 사람과 남이 정해준 길을 따라가며, 세상과 타인의 기준과 발걸음에 맞추어 살아가는 사람이다. 전자는 인생을 즐기고, 후자는 인생을 견딘다.

그 차이는 단순한 성격이나 능력이 아니라, 삶을 바라보는 태도와 자세, 무엇보다 생각에서 비롯된다. 주인의식이 있는 사람은 삶을 스스로 이끌고, 없는 사람은 타인의 기준에 휘둘리며 산다. 결국 삶의 기쁨은 주인의식에서 비롯된다.

생각해 보라, 과거 중세 시대에도 노예의 삶이 더 행복할까? 주인의 삶이 더 행복할까? 행복을 떠나서 노예의 삶은 인간의 삶이라고 할 수 없을 정도로 비참하고 혹독하고 처참한 삶이다. 하지만 현대에도 과거의 노예와 다를 바 없이 살아가는 사람이 많다.

오늘날 우리는 스스로 선택했다고 착각하면서도, 사실은 대부분 사회가 만들어놓은 틀 안에서 살아간다. 학교에서 정한 기준, 직장에서 요구하는 역할, 사회가 정한 성공의 모델 속에서 우리는 자신을 잃는다.

그렇게 하루하루 타인의 기대에 맞춰 살아가며, 어느새 자신이 누구인지조차 모르게 된다. 주인의식이 사라진 인생은 늘 허전하고, 방황하며, 견디며 살아간다. 아무리 많은 것을 가져도 마음은 비어 있다. 왜냐하면 그것은 자신이 선택한 삶이 아니기 때문이다.

인생의 기쁨은 소유가 아니라 선택에서 온다. 내가 결정했다는 자각은 인간을 강하게 만든다. 남의 뜻에 따라 움직이는 삶은 외형적으로 화려할지라도 내면은 공허하다. 그러나 스스로의 선택으로 주인이 되어 살아 나가는 삶은 비록 거칠더라도 충만하다.

삶의 주인은 결과보다 과정을 사랑한다. 그는 고통조차 자기 몫으로 받아들이며, 그 속에서 의미를 발견한다. 이때 인간은 비로소 자유로워진다.

자유는 책임에서 비롯된다. 책임이 없는 자유는 방종이고, 책임이 있는 자유는 기쁨이다. 주인의식이 있는 사람은 자신의 선택에 책임을 진다. 그는 실수나 실패를 두려워하지 않는다. 왜냐하면 그것 또한 자신이 선택한 결과이기 때문이다. 반면, 타인에게 책임을 전가하는 사람은 늘 피해자가 된다. 피해자의 삶에는 즐거움이 없다. 그는 항상 남을 원망하고, 세상을 탓하며, 스스로를 불행에 가둔다.

삶의 주인은 세상과 타인을 통제하려 하지 않는다. 그는 세상을 있는 그대로 받아들이며, 그 안에서 자신이 통제할 수 있는 부분에 집중한다. 바람의 방향은 바꿀 수 없지만, 돛의 방향은 내가 조정할 수 있다.

인생의 도착지와 행복은 바람이 아니라 돛에서 결정된다. 불평과 원망은 돛을 접는 일이고, 책임과 주체성은 돛을 펴는 일이다. 같은 풍랑 속에서도 어떤 사람은 침몰하고, 어떤 사람은 항해를 계속한다. 그 차이는 오직 주인의식이다.

남의 인생을 대신 살아주는 사람들이 있다. 그들은 부모의 기대를 충족시키려 애쓰고, 사회가 요구하는 성공을 좇는다. 겉으로는 열심히 사는 것 같지만, 속으로는 늘 지쳐 있고, 엄청난 불평과 불만을 품고 살아간다. 왜냐하면 그 길은 자신의 길이 아니기 때문이다. 타인의 시선을 따라가는 인생은 결국 불행으로 끝난다. 아무리 높이 올라가도, 그 정상은 타인이 만든 산일 뿐이다.

진짜 즐거움은 스스로 결정할 때 온다. 남이 정한 기준이 아니라, 내가 정한 기준에 따라 움직일 때 인간은 살아 있음을 느낀다. 주인의식이 있는 사람은 타인의 인정을 구하지 않는다. 그는 이미 자기 안에서 답을 찾았기 때문이다.

세상은 그에게 적이 아니라 무대가 된다. 실패

조차 배움으로 받아들이며, 불확실함마저 인생의 일부로 즐긴다. 이처럼 주체적인 사람은 불행 속에서도 웃을 줄 안다.

주인의식은 하루아침에 생기지 않는다. 그것은 매일의 작은 선택 속에서 자란다. 어떤 일을 할지, 누구와 시간을 보낼지, 무엇에 집중할지 스스로 결정하는 순간, 주인의식은 단단해진다. 남의 인생을 모방하지 말고, 자신의 리듬으로 살아야 한다. 행복은 우연이 아니라 훈련이다. 그 훈련의 본질이 바로 주인의식이다. 나이 듦의 즐거움에 미칠 수 있는 사람은 노예가 아니라, 주인의식을 갖춘 사람이다.

주인의식이 있는 사람은 자신을 믿는다. 그는 불완전한 현실 속에서도 자신의 가능성을 신뢰한다. 세상은 늘 불확실하지만, 그 불확실함 속에서 자신이 방향을 정할 수 있다는 사실이 그를 자유롭게 만든다.

주인의식은 타인의 통제에서 벗어나게 한다. 그것은 외부의 자유가 아니라 내면의 자유다. 세상이 흔들려도, 그는 흔들리지 않는다.

결국 주인의식은 삶의 기쁨과 나이 듦의 즐거움을 되찾게 한다. 자신이 선택한 인생을 살아간다는 자각은 인간을 존엄하게 만들고, 신나게 만든다. 남이 정한 인생을 사는 동안은 아무리 화려해도 허무하고, 신나지 않고, 즐겁지도 않다. 그러나 자신이 선택한 길을 걸을 때, 그 길의 모든 순간은 의미와 기쁨으로 채워진다. 인생의 기쁨은 완벽함이 아니라 주체성에서 온다.

삶의 주인이 된다는 것은 세상 속에서 자신만의 중심을 지키는 일이다. 그것은 고독하지만, 동시에 찬란하다. 남들이 뭐라 하든, 자신이 옳다고 믿는 길을 걸을 때 인간은 비로소 기쁨을 느낀다.

주인의식은 인생의 방향을 잃지 않게 하는 나침

반이다. 그것이 있는 사람만이 흔들리지 않고, 어떤 풍파 속에서도 웃을 수 있다.

주인의식이 없는 인생은 타인의 그림자 속에서 끝난다. 그러나 주인의식이 있는 인생은 어둠 속에서도 빛을 낸다. 결국 인생의 질은 얼마나 많이 가졌는가가 아니라, 얼마나 스스로 선택했는가에 달려 있다. 스스로 선택한 삶은 고단해도 자유롭고, 불완전해도 아름답고, 힘들어도 즐겁다. 주인의식이 있는 삶, 그 안에 진정한 기쁨과 나이 듦의 즐거움이 있다.

직진보다 우회로가 더 빠른 법이다.

“비전 기업은 여러 가지 목적을 추구한다. 이윤은 그처럼 다양한 목적 중 하나일 뿐 주된 목적은 아니다. 물론 비전 기업도 이윤을 추구한다. 하지만 핵심 이념도 그에 못지않게 중요하다. 그런데도 아이러니하게 비전 기업이 오로지 이윤에만 얽매이는 기업보다 더 많은 이윤을 낸다.” < 짐 콜린스와 제리 포라스, [성공하는 기업들의 8가지 습관] >

나이 듦을 즐기는 가장 좋은 방법은 먹고 사는

것에 너무 집중하지 않는 것이다. 먹고 사는 것에 얽매여서 사는 사람 중에 부자는 없다. 거의 노예처럼 사는 사람이 가장 많은 부류가 이런 사람이다.

재미있는 사실은 돈에 집착하지 않고, 자신이 좋아하는 일을 했던 사람들이 오히려 더 돈을 많이 벌 수 있는 사람이 되고, 결과적으로 부자가 되는 경우가 상당히 많다는 것이다.

돈에 집착하는 사람들과 기업들은 오히려 돈을 많이 벌지 못한다고 한다. 그 이유는 무엇일까? 무엇을 하든 열심히 하는 것과 그것에 빠져들어 미친 듯이 몰입하면서 하는 것은 엄연하 차이가 존재하기 때문이다.

또 다른 이유는 직진보다 우회로가 더 빠른 길이기 때문이다. 왜 직진이 우회로보다 더 늦다는 것일까? 한 가지 실화를 살펴보자. 미국 국립공원관리공단은 거대한 숲을 잘 관리하기 위해서 하나의 방침을 세웠다. 아무리 작은 산불이라도 발견되는 즉시 완전 진화를 해야 한다는 것이다.

한 마디로 미국의 국립공원관리공단이 선택한 것은 직진이다. 우회전략이 아닌 직진 말이다. 그런데 결과적으로 산불은 줄어들기는커녕 오히려 늘어난다는 사실을 아는가? 우리는 이 예를 통해 직진보다 우회전략이 더 현명한 신의 한수라는 사실을 알 수 있다.

실제로 옐로스톤 국립 공원에 불이 났을 때, 공단은 무조건 완전 진화를 실천했다. 그 덕분에 2만 5,000명의 소방관이 투입되었고, 1억 달러 이상의 비용을 낸 결과, 공원의 절반 이상이 다 타버렸다.

모든 산불을 끄려고 애쓴 결과 산불이 더욱더 늘어났다.

이 사건을 통해 공단은 큰 교훈을 배웠다. 미국의 거대한 자연을 제대로 보호할 방법을 말이다. 그 방법은 바로, 완전 진화가 아니라, 자연 발생적인 산불은 끄지 않고 내 버려 둔다는 것이다.

왜 자연 발생적인 산불을 끄지 않고 그냥 내 버려두기로 했을까? 그 이유는 대부분의 산불은 저절로 발생했다가 알아서 꺼지기 때문이다. 그냥 꺼지는 것뿐만 아니라 이런 자연 발생적인 산불은 그 과정에서 가연성 덤불을 제거하는 기능까지 하게 되어, 인위적인 산불이 발생했을 때, 산불의 확산 속도를 줄여주는 방화대를 만들어 주기도 한다.

경험과 이론적으로 볼 때, 지나친 화재 진압은 오히려 비생산적이라는 사실을 깨닫게 되었다. 하지만 어느 정도의 화재 진압은 필요하다. 하지만 불을 전부 끄면 숲이 산불에 더 자주 노출된다. 직선보다는 우회로가 좋은 이유가 바로 여기에 있다.

그렇다. 인생은 언제나 직선으로 흐르지 않는다. 길은 굽이치고, 상황은 변하며, 예상치 못한 벽이 앞을 막는다. 많은 사람들은 그 벽을 정면으로 돌파하려 한다. 그러나 직진은 언제나 최선의 해법이 아니다. 때로는 돌아가는 길이 더 빠르고, 더 안전하며, 더 현명하다. 당신의 소중한 시간과 에너지를 너무 지나치게 낭비해서는 안 되기 때문이다.

직진은 목표를 향해 직선으로 나아가는 것이다. 하지만 직진은 때로는 위험하다. 장애물을 무시한 채 힘으로 밀어붙이면, 속도는 오히려 느려진다. 인생의 길은 수학 공식이 아니다. 현실은 변수로 가득 차 있다. 직선이 아닌 곡선 속에서 우리는 방향을 잃기도 하고, 새로운 길을 발견하기도 한다.

우회는 겁쟁이의 선택이 아니다. 그것은 전략가

의 선택이다. 돌아간다는 것은 포기가 아니라 조정이다. 상황을 이해하고, 에너지를 관리하고, 목적에 맞게 경로를 재설계하는 일이다. 직진이 용기의 상징이라면, 우회는 지혜의 상징이다. 용기만으로는 세상의 벽을 넘을 수 없다. 그러나 지혜는 그 벽을 돌아서 목적지에 도착하게 한다.

많은 이들이 직진만이 성공의 길이라 믿는다. 하지만 현실의 성공자들은 대부분 우회전략을 통해 도착했다.

실패와 좌절, 방황과 기다림이 그들의 길을 만들었다. 직진은 목표를 좁게 보게 만들지만, 우회는 시야를 넓힌다. 우회하는 과정에서 배우게 되고, 사람을 만나게 되며, 실력을 쌓게 만들고, 자신을 단련시키고, 성장시킨다. 그것이 결국 인생 전체를 통합해 보면, 더 빠른 이유다.

인생에서 가장 비효율적인 것은 서두름이다. 직

진하는 사람은 빨리 가는 것 같지만, 결국 멈춰 선다. 왜냐하면 세상은 직선이 아니라 곡선으로 움직이기 때문이다.

계절이 돌고, 사람의 마음이 변하고, 기회의 방향이 바뀐다. 곧은 길로만 달리면, 변화의 곡선을 따라잡지 못한다. 우회는 그 변화를 포용하는 방식이다.

직진은 힘이 필요하지만, 우회는 통찰이 필요하다. 직진은 근육으로 돌파하지만, 우회는 시야로 돌파한다. 세상의 모든 성공은 결국 통찰에서 나온다. 통찰은 한발 물러나 전체를 보는 힘이다. 그 힘이 있을 때 우리는 돌아가면서도 잃지 않는다. 돌아가면서도 더 멀리 간다.

우회 전략은 시간을 낭비하는 것이 아니다. 우회 전략은 길게 보면, 시간과 인생을 투자하는 일이다. 빠르게 가는 것보다 중요한 것은 정확하게 가는 것이다. 직진은 속도를 내지만 방향을 잃는다. 우회는 방향을 잡으며 속도를 조정한다. 그래서 결국에는 더 일찍 도착한다.

직진은 자존심이 만든다. 우회는 겸손이 만든다. 자존심은 '나는 할 수 있다' 라고 외치지만, 겸손은 '상황을 보자' 라고 말한다. 겸손한 사람만이 새로운 길을 찾는다. 자존심으로 벽을 치는 사람은 결국 스스로 갇힌다. 그러나 겸손한 사람은 문이 닫히면 창문을 연다. 그것이 우회전략의 지혜이며, 삶의 기술이다.

우회는 결코 도망이 아니다. 우회는 준비다. 돌파가 불가능한 시점에 잠시 멈추고, 상황을 재정비하는 일이다. 직진으로 부딪히다 부서지는 것보다, 돌아가며 힘을 비축하는 것이 더 현명하다. 인생은 싸움이 아니라 여정이다. 여정에는 속도보다 지속이 중요하다. 우회는 그 지속의 기술이다.

모든 길에는 의미가 있다. 직진은 목표를 향한

열정의 길이고, 우회는 성숙을 향한 성장의 길이다. 직진은 이기는 법을 가르치지만, 우회는 버티는 법을 가르친다. 세상은 끝까지 버틴 사람에게 승리를 준다. 그래서 우회는 결국 승리자의 길이다.

자연은 직선을 만들지 않는다. 강은 휘돌며 흐르고, 바람은 원을 그리며 돈다. 인생도 그렇다. 직선으로 나아가면 부딪히고, 휘어가면 흐른다. 물은 바위를 만나면 돌아간다. 그러나 멈추지 않는다. 그것이 바로 자연의 지혜요, 우회의 본질이다.

우회는 관계에서도 필요하다. 인간관계는 직진으로 얻어지지 않는다. 상대를 설득하려면, 먼저 돌아가야 한다. 이해하고, 기다리고, 간접적으로 접근해야 한다. 직선의 말은 벽을 만들고, 곡선의 말은 문을 연다. 직진은 정면 승부지만, 우회는 상대의 마음을 통과한다. 마음의 문을 여는 길은 언제나 곡선이다.

직진은 직감의 세계이고, 우회는 통찰의 세계다. 직진은 지금 이 순간만 본다. 우회는 미래를 내다본다. 직진은 결과를 향하지만, 우회는 과정을 만든다. 과정이 단단할수록 결과는 흔들리지 않는다. 그래서 우회는 결국 더 멀리, 더 높이, 더 오래 간다.

인생의 속도는 방향이 결정한다. 방향을 잃은 속도는 낭비다. 직진은 방향을 놓치면 추락하고, 우회는 방향을 점검하며 전진한다. 우회는 멈춤이 아니라 조정이다. 조정은 회피가 아니라 지혜다. 지혜로운 자는 멈추는 법을 알고, 멈춘 후에 다시 가는 법을 안다.

우회는 현실을 인정하는 용기다. 세상을 있는 그대로 보는 사람만이 돌아갈 수 있다. 현실을 부정하는 사람은 벽 앞에서 무너진다. 그러나 인정하는 사람은 새로운 길을 찾는다. 인정은 패배가 아니라 시작이다. 그 시작이 진짜 속도를 만든다.

우회는 실패의 기술이다. 실패를 피하는 법이 아니라, 실패를 이용하는 법이다. 실패를 직면하면 두렵다. 그러나 돌아가며 보면 실패는 길의 일부다. 실패는 끝이 아니라 경로 수정의 신호다. 그 신호를 읽을 줄 아는 사람이 결국 성공한다.

인생은 긴 마라톤이다. 직진만 하는 주자는 초반에 쓰러진다. 우회하며 호흡을 조절한 사람은 완주한다. 인생은 완주의 예술이다. 꾸준히 가는 사람만이 마지막에 웃는다. 직진은 순간의 승부지만, 우회는 인생의 지속이다.

직진은 단기적 승리를 준다. 우회는 장기적 기쁨을 준다. 직진은 속도에 집중하지만, 우회는 방향과 의미에 집중한다. 결국 인생은 얼마나 빨리 갔는가가 아니라, 얼마나 의미 있게 도착했는가의 문제다. 우회는 그 의미를 만들어주는 길이다.

돌아간다는 것은 멈추지 않는다는 뜻이다. 멈춘 사람은 절망 속에 서 있지만, 돌아가는 사람은 희망 속에 걷는다. 돌아간다는 것은 다시 간다는 것이다. 방향만 다를 뿐, 목적은 같다. 그래서 우회는 지연이 아니라 계속이다.

직진보다 우회로가 더 빠른 법이다. 빠르다는 것은 속도가 아니라 결과다. 우회는 시간을 벌고, 실패를 줄이며, 지혜를 쌓는다. 그 결과 더 멀리, 더 깊이, 더 높이 도착한다. 세상은 직진하는 사람보다 돌아갈 줄 아는 사람을 기다린다.

우회는 인생을 단단하게 만든다. 그것은 성숙의 과정이자, 지혜의 결실이다. 인생의 곡선은 결코 헛된 길이 아니다. 그 곡선을 통과할 때 인간은 자신을 이해하고, 세상을 배운다. 그래서 돌아가는 길이 결국 가장 빠른 길이다.

인생의 속도는 직선으로 나는 것이 아니라, 곡선으로 흐른다. 직진보다 우회로가 더 빠른 법이다. 그리고 그 사실을 깨달은 순간, 당신의 인생은 이미 더 깊고 더 단단한 속도로 움직이기 시작한다.

결과에 집착하는 것이 문제다.

결과에 집착해서 경기를 하면 절대 승리할 수 없다. 그 이유는 무슨 수를 써서라도 이겨야 한다는 압박감과 불안감이 자신의 능력을 누르기 때문이다. 오히려 결과에 집착하지 않는 선수들은 이런 압박감과 불안감을 떨쳐낼 수 있기 때문에, 자신의 기량을 제대로 발휘해 낼 수 있다.

그 결과, 자기 발견의 여행을 즐길 수 있고, 내면의 거인을 끄집어낼 수 있게 되고, 더 많이 그리고 더 자주 승리할 수 있게 된다.

결과에 집착하는 순간, 우리는 그것을 의식하게 되고, 그 순간 우리는 갇히게 된다. 갇힌 상태에서 무엇을 하더라도 승리할 수 없다.

그래서 골프 전문가들은 의식하지 않는 스윙이야말로 진정한 스윙이라고 말한다. 의식하지 않고 스윙할 때 최고의 스윙을 할 수 있다.

인생도 이와 다르지 않다. 결과나 미래에 집착하지 않고, 그 순간을 즐길 수 있는 사람이 최고의 인생 고수이다.

성공도 마찬가지이다. 돈에 집착해서 돈을 쫓는 사람들은 절대 성공할 수 없다. 성공의 열쇠는 순수한 열정과 헌신이기 때문이다. 이것은 돈을 사랑하는 것과는 전혀 다르다.

[우회 전략의 힘]의 저자인 존 케이는 이런 사실을 잘 알고 있었다. 그가 쓴 이 책의 주된 내용이 바로 이것이다.

“ 행복을 추구하는 사람이 반드시 행복한 건 아니고, 정작 물질에 목을 매는 사람은 큰 부를 쌓지 못한다. 날마다 이윤만 외치는 기업가는 오히려 비즈니스를 사랑하는 기업가보다 이윤을 적게 거둔다.” < 존 케이, [우회 전략의 힘], 177쪽 >

"인생을 사는 방법은 두 가지다. 하나는 아무 기적도 없는 것처럼 사는 것이요. 다른 하나는 모든 일이 기적인 것처럼 사는 것이다."

앨버트 아인슈타인

제5장. 인생 고수는 인상부터 다르다.

" 이 세상에서 가장 가난한 사람은
누구인가?

그는 미소와 웃음이 없는 사람이다."
- 지그 지글러 -

인생 고수는 인상부터 다르다.

인생 고수는 인상부터 다르다. 겉모습이 화려하거나 잘생겼다는 뜻이 아니다. 오히려 그 반대다. 수수한 옷차림, 꾸밈없는 얼굴임에도 그 사람에게선 묘한 아우라가 느껴진다. 말없이 걸어오기만 해도 시선을 끄는 힘. 눈빛, 미소, 자세 하나에도 삶의 깊이가 배어 있다.

그건 우연이 아니다. 수십 년간 자신을 갈고닦은 결과다. 수많은 시련과 실패, 몰입과 성찰의 시간이 그 사람의 표정과 말투, 태도를 바꿔 놓는다.

자기 삶을 주도하는 사람은 다르다. 자신의 감정을 함부로 드러내지 않고 남 탓, 환경 탓 하지 않는다. 항상 차분하고 여유 있다. 그 태도가 바로 인상으로 나타난다.

고수는 결코 조급하지 않다. 작은 일에 흔들리지 않고 큰 그림을 본다. 그 눈빛은 멀리 본다. 당장의 이익보다 가치 있는 삶을 추구한다.

그런 사람이 입을 열면, 사람들은 자연히 귀를 기울인다. 허세나 과장이 없다. 짧은 한마디에도 무게가 실린다. 그건 살아온 시간에서 우러나온 진실이기 때문이다.

반면, 인생 하수는 표정에서 드러난다. 늘 불안하고 초조한 눈빛. 감정에 휘둘리는 말투와 행동. 자신감 없는 자세와 흔들리는 중심. 그런 인상은 그 사람의 현재를 그대로 보여준다.

인상은 거울이다. 그 사람의 삶이 고스란히 반영된다. 지금 어떤 얼굴을 하고 있는가? 무슨 표정으로 하루를 보내는가?

좋은 인상을 만들고 싶다면, 겉을 꾸미기보다 속을 닦아야 한다. 내면을 바꾸면 인상은 저절로 달라진다. 생각을 바꾸고, 감정을 다스리고, 태도를 훈련하라.

미소 하나, 눈빛 하나가 어떤 말보다 강력한 메시지를 전달한다. 그것이 진짜 고수의 힘이다. 말하지 않아도 느껴지는 힘. 그것이 인생 고수의 인상이다.
오늘 거울 앞에서 스스로에게 물어보자. 나는 지금 어떤 인상을 가진 사람인가? 내 인상은 내 삶을 어떻게 말하고 있는가?

인상은 삶의 요약본이다. 고수가 되고 싶다면, 인상부터 바꿔라.

웃지 않고 보낸 하루는 버린 하루다.

인생 고수는 하루를 다르게 산다. 그들은 성과보다 태도를 먼저 중요하게 생각한다. 오늘 무엇을 이루었는가보다, 오늘 어떤 얼굴로 살았는가를 묻는다. 웃음은 사소한 것이 아니다.

웃음은 삶을 다루는 능력이다. 웃음을 잃는 순간, 인생은 힘들어지고, 무거워진다. 많은 사람은 말한다. 힘들어서 웃을 수 없다고. 그러나 인생 고수는 다르게 말한다.

힘들수록 웃어야 한다는 사실을 잘 알고 있다. 웃음은 여유를 만들어, 힘든 일을 잘 해결할 수 있게 해준다. 힘들다고 웃지 않으면, 마음이 조급해지고, 불안해진다. 그런 상태에서는 버티는 것조차 힘이 든다.

웃음은 상황의 결과가 아니다. 웃음은 선택이다. 웃기로 선택한 사람만이 상황에 끌려가지 않는다. 웃지 않고 보낸 하루는 그 시간을 오롯이 낭비하는 것과 다름없다.

웃지 않고 보낸 하루는 마음이 굳은 하루와 같다. 마음이 굳으면 생각이 굳고, 생각이 굳으면 인생이 막힌다. 인생이 잘 풀리지 않는 이유는 능력이 부족해서가 아니다. 얼굴이 먼저 굳어버렸기 때문이다. 웃으면 얼굴이 풀리고, 얼굴이 풀리면 마음이 풀린다.

인생 고수의 얼굴은 다르다. 고생이 묻어나도,

미소는 사라지지 않는다. 그 미소는 가벼움이 아니라 단단함에서 나온다.

웃음은 남을 이기는 기술이 아니다. 자신을 지키는 힘이다. 웃음을 잃지 않는 사람은 쉽게 무너지지 않는다.

웃음은 근육이다. 쓰지 않으면 약해진다. 의식적으로 쓰면 강해진다. 인생 고수는 이 근육을 매일 사용한다. 하루를 마치며 그들은 이렇게 묻는다.

오늘 나는 웃었는가. 웃지 못한 하루는 아무리 바빴어도, 아무리 많은 일을 했어도, 버린 하루다. 인생은 길다. 그러나 하루는 짧다.

웃음을 잃은 하루가 쌓이면 어느새 인생이 무너진다. 인생 고수는 오늘도 웃는다. 잘 살아서 웃는 것이 아니라, 웃으며 살기로 선택했기 때문이다.

춤추며 웃으며 사는 자가 인생 고수다.

"인생을 사는 방법은 두 가지다. 하나는 아무 기적도 없는 것처럼 사는 것이요. 다른 하나는 모든 일이 기적인 것처럼 사는 것이다."

앨버트 아인슈타인의 말대로 인생을 살아가는 방법에는 크게 두 가지가 있다. 기적처럼 사는 것과 평범하게 사는 것이다. 당신에게 인생을 선택하라고 한다면 어떤 삶을 살고 싶은가? 아마도 기적과 같은 삶을 선택할 것이다. 하지만 현실에서는 기적 같은 것은 없다고 하면서 살아가고 있을 것이다.

하지만 현실에서도 마찬가지로 기적 같은 삶은 반드시 있다. 하지만 당신이 현실에서 기적과 같은 삶을 살지 못하는 이유는 기적이 없다고 지레짐작하고 평범한 삶에 투항해 버렸기 때문이다. 같은 현실에서도 어떤 이는 춤추며 웃으며 사는 자가 있고, 또 어떤 이는 인상을 쓰면서 웃지 않고 사는 자가 있다. 그 차이는 바로 시각과 인식의 차이이며, 생각의 차이다.

인생 고수는 삶을 무겁게만 인식하거나 생각하지 않는다. 삶이 무거워질수록 몸과 마음을 더 가볍게 움직인다. 그래서 그들은 인생 앞에서 굳어지지 않고, 그냥 서 있기보다는 춤추며 웃으며 리듬을 타며 살아간다. 이렇게 할 수 있는 이유는 남과 다르게 세상을 보고, 인식하고, 생각하기 때문이다.

춤은 기술이 아니다. 춤은 삶을 대하는 태도다.

흔들리는 상황 속에서도 자기 리듬을 잃지 않는 사람이 춤을 춘다. 삶의 여유와 기쁨을 뺏기지 않는 자만이 춤추며 웃을 수 있다. 이런 사람이 인생 고수다.

인생은 늘 박자가 일정하지 않다. 인생은 늘 부침이 심하다. 예고 없이 속도가 바뀌고 방향이 틀어진다. 인생은 늘 예측 불가하다. 그때마다 멈춰 서는 사람과 흐름에 몸을 맡기는 사람이 갈린다.

인생 고수는 멈추지 않는다. 그렇다고 서두르지도 않는다. 완벽한 박자를 기다리지 않는다. 어긋난 박자 위에서도 자기만의 춤을 출 줄 알고, 웃을 수 있다.

웃음은 그 춤의 중심이다. 웃음이 빠진 움직임은 오래가지 못한다. 웃음이 있을 때 몸은 풀리고 마음은 살아난다. 지친 삶이 회복되는 것이다. 인생이 힘들다고 하는 사람이 있다. 사실은 인생이 힘든 것이 아니라 마음이 지치기 때문이다.

춤추며 웃는다는 것은 현실을 모른다는 뜻이 아니다. 오히려 현실을 잘 이해하고, 시간이 흐르면 해결된다는 사실을 알기에, 여유를 가지고 기다리는 것이며, 현실을 인내한다는 뜻이다.

현실을 알기에 더 가볍게 움직인다는 뜻이다. 조급해하고 아등바등한다고 해결되는 일은 없다는 사실을 알기에, 초월자의 심정으로 현실을 대한다.

인생의 무게를 오롯이 다 견딜 필요는 없다. 그렇다고 춤추며 웃는 것이 현실 회피는 아니다. 춤추며 웃는 사람이 현실을 훨씬 더 잘 이겨내고, 힘든 인생이라도 충분히 더 잘 건널 수 있다는 사실을 우리는 안다.

인생 고수는 잘될 때만 웃지 않는다. 어긋날 때도 웃고 넘어질 때도 다시 웃는다. 웃음은 상황을 부정하는 태도가 아니라 상황을 끌어안는 힘이다. 춤추며 사는 사람은 두려움에 오래 머물지 않는다.

춤을 추며, 몸을 움직이는 순간 생각은 다시 살아나고, 마음의 여유가 회복된다. 여유가 회복될 때, 좋은 생각을 할 수 있고, 사고력이 회복되고, 인생의 숨통도 트인다. 그래서 인생 고수는 가끔 이유 없이 춤을 추고, 몸을 움직인다.

성과와 상관없이 춤을 추고 웃는 사람이 인생 고수다. 그 시간이 결국 인생의 균형을 잡아준다. 인생은 통제할 수 있는 것이 아니라 함께 흘러가는 것이다. 그 흐름 위에서 춤추며 웃을 줄 아는 사람이 끝까지 완주할 수 있다.

춤추며 웃으며 사는 자, 그 사람이 인생 고수다.

즐길 줄 아는 당신이 프로다.

‘ 천재는 노력하는 사람을 이길 수 없고, 노력하는 사람은 좋아하는 사람을 이길 수 없으며, 좋아하는 사람은 즐기는 사람을 이길 수 없다.’

그렇다. 즐길 줄 아는 사람이 진정한 프로고 인생 고수다. 인생 고수는 힘들지 않아서 웃는 사람이 아니라, 힘든 상황 속에서도 즐길 줄 아는 사람이다. 삶의 무게 중심을 지켜주는 힘이 바로 즐길 줄 아는 태도다.

많은 사람은 버티는 것을 책임감 혹은 성실함이라 착각한다. 하지만 오래 가는 사람은 버티는 사람이 아니라 즐기는 사람이다. 즐거움은 인생을 지속하게 만드는 에너지이기 때문이다.

인생 고수이자 프로는 과정에서 무너질 줄 모른다. 과정을 견디는 법이 아니라 다루는 법을 알기 때문이다. 그래서 결과가 나오기 전부터 이미 흔들리지 않는다.

즐긴다는 것은 가볍다는 뜻이 아니다. 즐김은 책임을 내려놓는 태도가 아니라 책임을 감당할 수 있는 여유다. 여유가 있을 때 판단은 정확해지고 선택은 단단해진다.

프로는 상황에 끌려다니지 않는다. 상황 속에서도 자기 리듬을 만든다. 그 리듬 위에서 일도 삶도 풀어낸다. 즐길 줄 아는 사람은 실패 앞에서도 무너지지 않는다. 실패를 끝으로 보지 않기 때문이다.

경험으로 바꾸는 순간 실패는 자산이 된다. 프로는 매 순간을 즐거움과 의미로 채운다. 성과가 아닌 태도로 하루를 평가한다. 그래서 같은 하루를 살아도 깊이가 다르다.

즐길 줄 아는 사람은 인생을 소모하지 않는다. 인생을 즐거움으로 쌓아간다. 인생 고수가 하루하루 성장해 나가는 이유다. 결국 실력의 끝은 끈기와 지속이고, 끈기와 지속은 즐거움에서 나온다.

끝까지 가는 사람은 즐길 줄 아는 사람이다. 즐길 줄 아는 당신이 프로다.

아마추어의 얼굴에는 여유와 즐거움이 없다.

아마추어의 얼굴은 늘 굳어 있다. 무언가를 놓칠까 두렵고 실수할까 불안하다. 그래서 얼굴부터 긴장으로 가득 찬다. 여유가 없으면 즐거움도 없다.

즐거움이 사라지면 표정은 닫힌다. 닫힌 얼굴은 생각까지 굳게 만든다. 아마추어는 결과에 매달린다. 지금 이 순간보다 끝을 먼저 본다. 그래서 과정이 고통이 된다.

얼굴에 여유가 없다는 것은 마음에 공간이 없다는

뜻이다. 마음에 공간이 없으면 판단은 조급해진다. 조급한 판단은 실수를 부른다. 아마추어는 늘 스스로를 몰아붙인다.

잘해야 한다는 생각이 먼저 앞선다. 그 생각이 얼굴을 굳게 만든다. 즐거움을 잃은 사람은 오래 버티지 못한다. 버틴다고 해서 프로가 되지는 않는다. 버티는 시간보다 중요한 것은 태도다.

아마추어의 얼굴에는 오랜 연륜과 경험이 남지 않는다. 경험이 쌓이기 전에 긴장이 먼저 자리잡기 때문이다. 그래서 표정이 늘 비슷하다.

여유는 실력에서 나온다. 즐거움은 여유에서 나온다. 그래서 얼굴은 실력을 가장 먼저 드러낸다. 얼굴을 보면 사람의 내공과 실력이 보인다.

여유 없는 얼굴은 아직 가는 중이고, 초보자의 얼굴이다. 여유가 있고, 즐거운 얼굴이 목적지에 가까운 얼굴이며, 어느 정도의 내공과 실력을 갖춘 얼굴이다.

아마추어의 얼굴에는 여유와 즐거움이 없지만, 인생 고수의 얼굴은 다르다.

다르게 살 줄 알아야 즐겁다.

남과 똑같은 인생은 평범하다. 그리고 평범한 것은 더 이상 성공이 아니다. 스티브 잡스가 ' THINK DIFFERENT ' 를 강조한 이유는 '남다름' 이 가장 큰 힘이기 때문이다. '해군이 되지 말고 해적이 되라' 고 말한 이유도 '남과 다른 사람' 이 되라고 말하기 위해서 일 것이다. 다르게 살 줄 아는 사람이 인생을 비범하게 잘 살 수 있기 때문이다.

인생 고수는 다르다. 남과 다른 생각을 할 줄 알고, 남과 다르게 살 줄 안다. 그 이유는 많다. 그 중 한 가지는 즐거움 때문이다. 똑같이 살면 즐거움은 사라지기 때문이다. 반복되는 하루는 감정을 무디게 만든다. 그래서 즐거움은 늘 다른 선택에서 시작된다.

대부분 사람은 익숙함을 안전이라 믿는다. 하지만 익숙함은 빠르게 지루함으로 변한다. 지루해진 인생에서는 웃음도 줄어든다. 무엇보다 탁월함이나 놀라운 성과나 내공은 찾아보기 힘들다.

다르게 산다는 것은 튀게 산다는 뜻이 아니다. 남과 비교하지 않고 자기 리듬으로 산다는 뜻이다. 그 리듬이 살아 있을 때 삶은 가벼워진다. 남과 비교하지 않고, 남과 다르게 살고, 남과 다른 전략과 남과 다른 길을 갈 때, 개척자가 될 수 있고, 탁월함을 가질 수 있고, 발명가가 될 수 있고, 비범한 존재로 도약할 수 있기 때문이다.

인생은 선택의 연속이다. 남과 같은 길을 가는 것은 경쟁의 세상으로 자신을 내몰고, 평생 쉬지 않고 자신을 다그쳐서 경쟁하게 만든다. 하지만 남과 다른 길을 가는 것은 경쟁이 아닐 블루 오션으로 자신을 이끄는 선택이다. 이 차이가 삶의 질을 바꾼다.

늘 힘들게 경쟁의 세상에서 시간에 쫓기어 아등바등하면서 살지만, 행복이나 부는 찾을 수 없다. 휴가에 대한 결정권도 없고, 자신이 받는 연봉에 대한 결정권도 전무후무하다. 하지만 다르게 살 줄 아는 사람은 인생이 다르다.

다르게 사는 사람은 인생의 수준이 바뀐다. 남들은 힘겹게 살아가지만, 다르게 사는 사람은 삶이 쉽고 즐겁다. 세상에는 두 부류의 사람이 있다. 인생을 힘들게 살아가는 사람과 쉽게 살아가는 사람이다. 남과 다르게 사는 사람은 후자에 가깝다. 당신은 어느 쪽인가?

다르게 살 줄 아는 사람은 스스로 소모하지 않는다. 타인의 기준에 맞추지 않기 때문이다. 그래서 삶에 쓸데없는 긴장이 없다.

즐거움은 특별한 사건에서 오지 않는다. 다른 선택을 할 수 있는 자유에서 온다. 그 자유가 살아 있는 사람은 얼굴부터 다르다. 남과 다른 인생을 선택하고, 남과 다른 길을 가는 사람의 인생은 활력이 넘친다. 에너지로 가득하다.

다르게 살 줄 아는 사람은 삶을 버티지 않는다. 삶을 즐긴다. 그런 즐거움은 실력이 되고, 내공이 된다. 그래서 무엇을 해도, 남들보다 더 잘하고, 성공하고 성취하게 된다. 승자에게는 하루하루가 즐거울 수밖에 없다.

인생을 즐기는 사람은 또한 패자에서 승자로 전환이 가능하다. 그러므로 오늘 인생 패배자라는 느낌이 든다면, 내일부터는 인생을 즐기는 사람이 되고자 결단할 필요가 있다. 승리하는 사람은 늘 즐기는 쪽이기 때문이다.

결론은 이것이다. 인생 고수는 다르게 살 줄 안다. 그리고 다르게 살 줄 알아야 인생이 오롯이 즐겁다. 그리고 무엇보다 성공할 수 있고, 승자가 될 수 있다.

당신이 누구이든 간에 당신은 최고의 삶을 살 수 있다. 최고의 삶을 사는 자가 인생 고수다. 그리고 그 길은 남과 같이 되고, 남과의 경쟁에서 승리하는 길이 아닌 남과 다른 길을 찾아서, 그 길을 가는 자이고, 그 길은, 한 마디로 남과 다른 유일무이한 자기 자신이 되는 길이다.

에필로그 _ 즐길 줄 알아야 행복을 얻게 된다.

"행복이 모든 처세술의 지향점이요 인생의 목표라는 확신은 지금도 여전히 갖고 있다. 하지만 이제 그 목표를 직접적으로 공략해서는 성공할 수 없다는 생각이 든다. 자신의 행복이 아닌 다른 목표를 추구한 사람만이 실제로 행복을 얻을 수 있다. 타인의 행복, 인류의 발전, 심지어 기술과 일까지도 수단이 아니라 그 자체를 이상적인 목표로 삼을 때 스스로 행복을 얻을 수 있다. 다른 뭔가를 바라보고 가는 중에 행복을 얻게 된다." _ 존 스튜어트 밀 <자서전> 중에서.

그렇다. 행복을 목표로 해서 살아가는 사람은 절대로 행복을 얻지 못한다. 그것이 행복의 속성이기 때문이다. 하지만 자신의 삶을 즐기면서 살아가는 사람은 행복을 얻을 수 있다. 행복은 목표가 아니라 부산물이기 때문이다.

많은 사람이 안타깝게도 행복의 원리와 조건을 착각하고 있다. 인간이 행복할 수 있는 행복의 원리와 조건은 결과가 아니라 과정이며, 소유가 아니라 존재와 경험이다.

그렇기 때문에 부와 권력을 많이 가진 자가 그렇지 못한 사람보다 더 행복하다고 할 수 없다. 실제로 가장 행복한 사람들은 부강한 강대국 국민이 아니라 하루하루를 온몸과 마음으로 만끽하면서 살아갈 수 있는 복지가 잘 되어 있는 덴마크, 노르웨이, 스위스 등과 같은 유럽의 작은 나라들이다.

가장 행복한 나라 국민은 소유보다는 삶을 마

음껏 경험하며 만끽하며 즐길 줄 아는 국민이라고 필자는 생각한다. 그렇게 즐겨야 행복할 수 있고, 인생을 잘 살 수 있는 것이다. 이 책을 한마디로 하자면, 이것이다.

"즐길 줄 아는 사람이 인생 고수다. 즐길 줄 알아야 어른이다."

판권

초판 인쇄: 2026년 1월 15일
초판 발행: 2025년 1월 15일

펴낸이: 김병완
펴낸곳: (주) 플랫폼연구소

출판등록: 제 2020-000075호

이메일: pflab2020@naver.com

주소:서울시 강남구 삼성동 116 백우빌딩 402호

ISBN 979-11-24195-67-3(03190)